朝日新書
Asahi Shinsho 914

アベノミクスは何を殺したか

日本の知性13人との闘論

原　真人

朝日新聞出版

はじめに

アベノミクス取材を始めてから、はや10年が過ぎた。ここまで長くこの問題を取材し続けるとは正直思わなかった。そんな覚悟もなかった。

アベノミクスは、私がさまざまな経済問題を取材してきたなかで、たまたま遭遇した取材テーマの一つにすぎない。経済取材というのは森羅万象が相手でテーマは山ほどある。それぞれにドラマやおもしろさがあって、取材を始めると興味や関心がわき、記事にしたい欲求が出る。長年その繰り返しだった。そのなかで〈アベノミクス＝異次元金融緩和〉だけをとくに念入りにウォッチし、書き続けることになったのには理由がある。

私がアベノミクスの「名付け親」になってしまったからだ。

初めて「アベノミクス」というキーワードを使って記事を書いたのは、２０１２年12月

19日の朝日新聞朝刊1面に載った「アベノミクス　高成長の幻を追うな」と題した論文記事だった。

　自民党が総選挙で3年余ぶりの政権返り咲きを決めた3日後のことだ。その1週間後に第2次安倍内閣が発足した。

　選挙前の講演や選挙遊説で、自民党総裁の安倍晋三は信じられないことを口にしていた。「輪転機をぐるぐる回して、日本銀行に無制限にお札を刷ってもらう」「建設国債を大量に発行し、日銀に引き受けさせる」

　次期首相に最も近い自民党総裁の発言とは思えなかった。安倍が言っていたのは財政法で禁じられている財政ファイナンス（日銀が紙幣を刷って政府の財政支出を支えること）そのものである。いわば日銀を「打ち出の小槌」に仕立てようという暴論だ。

　信頼できる学者や官僚、日銀関係者らに意見を求めても一様に「危うい構想だ」と言う。ところが国民世論はこの甘い誘いを歓迎するようになっていた。そこで私は、およそまともとは思えないこの構想を「アベノミクス」と呼んで批判することにした。

　別に目新しいネーミングではない。「エコノミクス（経済学）」に安倍の名を冠しただけのことだ。この名付け方の始まりは、1980年代の米国大統領ロナルド・レーガンの

「レーガノミクス」だろう。レーガン政権は小さな政府と強いドルを志向しながら、一方で、軍備拡大で財政赤字を膨らませ、双子の赤字に苦しんだ。一貫性がなく、非論理的でいかがわしいこの経済政策を、当時の政敵やメディアはレーガノミクスと呼んで批判した。私もそれにならって安倍の政策構想を揶揄《やゆ》しようと思ったのだ。

その頃、アベノミクスというキーワードを使った全国紙は他にもあったし、第1次安倍政権下で使ったメディアもあった。ただ新聞1面に見出しまで付けて報じたのは私が初めてだったし、財政ファイナンスとみなして新聞で強いトーンで批判したのも私だけだった。

そのためだろうか。記事掲載後、想像もしていなかった大量の抗議や批判が、朝日新聞の読者窓口に電話や手紙で押し寄せた。脅迫まがいの内容もあった。ツイッターなどSNS上でも誹謗中傷ともいえる内容の大量の書き込みがあった。

雑誌やテレビ、ラジオで私を名指しで批判する者たちが現れた。ワイドショーのレギュラー出演番組で件《くだん》の1面論文をとりあげ、「バカ!」と叫んだ著名な評論家もいた。彼はその後、週刊誌の連載コラムで少なくとも10回以上、私を名指しで批判した。

安倍に近いある経済評論家は、雑誌や夕刊紙コラムで私をたびたび批判していたが、BSテレビの討論番組で私と論争したあと、保守系雑誌に「朝日、原真人編集委員に忠告今のレベルで経済を語るのは無理」というタイトルの記事を数ページにわたって書いた。

安倍が経済ブレーンと頼んでいた浜田宏一（米エール大名誉教授）からは、面と向かって「アベノミクスの天敵」と呼ばれたこともある。日銀政策決定会合メンバーでもあったリフレ派（積極的な金融緩和や財政出動で脱デフレを目指す「リフレ政策」を主張する学者やエコノミストたち）重鎮を取材した際には「我々にとって危険人物」と直接言い渡された。

なぜそこまでアベノミクス支持者やリフレ派が私を執拗に攻撃してくるのか、やや解せないところがあったのだが、その理由を2023年2月に出版された『安倍晋三回顧録』（中央公論新社）のなかで見つけた。安倍はこう述べていた。

「アベノミクスという言葉は、私が言い出したのではないですよ。私は『三本の矢』と言っていたのだけど、ロナルド・レーガン大統領の経済政策の総称、レーガノミクスにかこつけて、一部のマスコミが言い出したんですよ。そうしたら、田村憲久厚生労働相が記者会見での質問に、『それがいわゆるアベノミクスです』と答えて、広がったのです」

「レーガノミクスにかこつけて揶揄」などとわざわざ書いたことがあるのは、たぶん私だけだろう。ちなみに厚労相会見での田村発言があったのは、私の1面論文記事から半年以上たった2013年7月だった。

私はそれまで大学の授業などの機会があると「実は私はアベノミクスの名付け親なんですよ」とツカミネタとして話したことはあった。少なくとも最初にそう書いたメディアの一つであるのだから間違いではなかろう、と。

ところが当の安倍やアベノミクス支持者たちは、私のことを「アベノミクスの（批判的で好ましからぬ）名付け親」と見なしていた。だから標的になったのだ。

私が揶揄した呼び名を安倍が初めてみずから使ったのはおそらく13年5月のある講演会だ。「アベノミクスという言葉も最初は禁じ手のように言われていた。次元の違う金融緩和も多くの批判を浴びた。しかし、いざ実行に移した後は、国際的にも理解を得られたし、（中略）実際に世の中も動きつつあるのかなと感じている」

この年の秋、安倍は訪問先の米ニューヨーク証券取引所での講演で自信満々に「バイ・マイ・アベノミクス」（私の経済政策は買いだ）と述べた。良好な世界経済の追い風を受け、経済は上昇気流に乗って非常にツイている政権だった。その頃から安倍がみずから好んで国会や記者会見で「アベノミクスの成功」「アベノミクスの果実」と連呼するようになった。私の思惑を離れ、アベノミクスは、さもすばらしい政策のような印象だけを国民に浸透させていった。

最近はロシアによるウクライナ侵攻によって、人々は第3次世界大戦や核使用の可能性さえ意識するようになった。まるで第1次世界大戦と第2次世界大戦の戦間期に立ち戻ってしまったかのような空気に、誰かが「新しい戦前」とつぶやいた。日本も無縁ではない。第2次安倍政権の強権的でポピュリズム的な政権運営、国民を分断するような政治観、言論統制的なメディア対応は、戦前の空気を漂わせていた。かてて加えて著しい財政悪化をものともせず、国の借金を膨らませ、政府が日本銀行の紙幣発行をまるで打ち出の小槌のように扱うさまは、まさに戦前財政と一緒だ。アベノミクスと呼ばれるこのやり方は、財政破綻へとつながった戦前・戦中の誤った財政運営の軌跡を再びたどっているようでさえある。

アベノミクス生みの親の安倍は選挙遊説中に襲撃され、命を奪われた（2022年7月8日）。その不穏な時代の空気も、戦前的な政策のありようも、今もなお続いている。

言論への執拗な攻撃は、私だけに起きた特別な出来事ではない。安倍政権は政策に批判的な官僚や財界人、言論人たちに対して陰に陽に圧力をかけた。安倍に近い保守派やリフレ論者たちが、反対論に対し集中的に批判を繰り広げることも少なくなかった。

このため無用な摩擦が生じるのを嫌がって、公の場で率直に意見を言うのをためらう識者が増えてしまったのは確かだ。

本書では金融や財政の専門家だけでなく、政治、行政、歴史、思想などに詳しい専門家にも加わってもらい、総勢13人の賢人たちにアベノミクスとは何だったのかを語ってもらう。言論弾圧的で戦前的な空気を漂わせるなかでおこなわれてきたアベノミクスを、単純に経済政策としてだけで評価するのでは木を見て森を見ずということにならないか、事の本質に迫れないのではないか、と考えたからだ。

アベノミクスの本質に迫れるように、こちらからは意見を求めるだけではなく、時に対話のように話題をあちこちに広げ、時には論争的に意見を突き合わせてインタビューした。なぜこれほど異端で異形、危険な政策が実現したのか。なぜ10年超も続けられたのか。危うさを知る者たちはなぜ止められなかったか――。それぞれの視点から、それぞれの角度で存分に語ってもらおう。

原則としてインタビュー中の肩書や時系列は、当時のままにしてある。インタビュー以外の本文中では敬称を略させていただく。

アベノミクスは何を殺したか

日本の知性13人との闘論

目次

第2章　財政破綻、日銀破綻もありうるのか

第3章　成長幻想も経済大国の誇りも、もういらない

第4章 エリートの背信が国民益を損なう

図作成＝谷口正孝

第1章

すべてはクルーグマンから始まった

アベノミクスを語るときに、欠かすことのできないキーマンがいる。米国の経済学者、ポール・クルーグマン（1953〜）だ。アベノミクスの源流である「リフレ論」が日本でなぜここまで広がったのかを考えるとき、1998年、米マサチューセッツ工科大教授だったクルーグマンが自らのホームページに掲載した「日本の罠」と題した論考の存在を抜きに語ることはできない。

内容はこうだ。日本は「流動性の罠」に陥っている。その罠から抜け出すのは容易ではない。日本政府が取り組んできた財政政策や構造改革では難しい。ではどうすればいいか。唯一の方法は、ゼロ金利まで下げきって無効になってしまっている金融政策を有効にするために、マイナスの実質金利を生み出すことだ。そのためには中央銀行（日本銀行）が「無責任」であることを約束し、人々に「インフレ期待」を作り出すことが必要だ――。そんな趣旨である。

これをきっかけに日本のメディアや経済関係者たちの間に、「流動性の罠」という言葉が流行語のように広がった。「流動性の罠」とは、金利がゼロまで下がってそれ以上は下げられなくなってしまったとき、それ以上の金融緩和（貨幣発行）をしても人々の消費や投資に何の刺激効果も生まず、膠着状態に陥ってしまうことを指す。

最初にこの言葉を使ったのは経済学者ジョン・メイナード・ケインズ（1883～1946）だ。ただしケインズは一種の思考実験としてこの言葉を持ち出しただけで、現実に起きる現象としては扱っていなかった。

それが日本で現実のものとなった。1999年、日銀は世界で初めてゼロ金利政策に乗り出す。それでも、日本経済が目に見えるかたちで活気を取り戻すことはなかった。そこで改めてクルーグマン論考に注目が集まった。「流動性の罠」という、長らく経済書の奥に眠っていた言葉にクルーグマンが息を吹き込んだのだ。現実に起きうる経済事象として、改めてこの言葉が脚光を浴びることになった。

そのクルーグマンが「日銀が無責任と受け取られるくらいの大規模な金融緩和をするべきだ」とのご託宣を出したのだから、日本で「教徒」が増えたのは仕方のないことだった。

第2次安倍政権は大々的にリフレ論を前面に押し出した。そこで安倍のブレーンとして存在感を増したのがリフレ論者たちだ。その彼らが「教祖」的存在としてあがめたのがクルーグマンだった。もともと米ニューヨーク・タイムズ紙のコラム連載や、ベストセラー書を何冊も書いて有名だったこの学者は、2008年にノーベル経済学賞を受賞してますますカリスマ的な存在になっていた。

安倍はのちに自民党のアベノミクスに賛同する議員の集会で、「思い切った政策をやるときには権威が必要だ。クルーグマンやジョセフ・スティグリッツ（コロンビア大学教授、1943〜）が支持してくれたことは大きかった」と振り返っている。安倍は2016年に消費増税を延期する際にも、クルーグマンらを官邸に呼んで、延期論の旗印として彼らの提言を利用している。

安倍政権をとりまいた非主流のリフレ派

クルーグマンが権威を与えたことで、もともと「貨幣数量説」を根拠にリフレ論を唱えていた国内の学者たちは大いに活気づいた。彼らはもともと経済学界ではまったく非主流派であり、少数派だった。ところが再び首相となった安倍晋三の経済ブレーンを元日銀審議委員の中原伸之、米エール大名誉教授の浜田宏一らリフレ論者たちが固めると、メディア露出度が飛躍的に増え、認知度が上がっていった。

逆に、リフレに否定的な大多数の経済学者たちはアベノミクスやリフレ論について表だった発言を控えるようになっていた。なぜか。公の場でリフレに批判的な発言をしようものなら、すぐに安倍政権を支持するネット右翼の標的になり、SNS上で炎上したからだ。

また、シンポジウムの壇上でリフレ派学者から罵詈雑言を浴び、嫌な思いをした学者もいた。みずからの仕事にも影響しかねないことを懸念した学者たちは、次第にこの問題にかかわらないようになっていく。

その結果、リフレを賛美する論者たちばかりがメディアを席巻するようになった。目にし、耳にする機会が増えた国民には、あたかもリフレ派が主流のように映るようになり、その主張がまるで常識的な経済理論であるかのような印象が広がっていった。

もちろん、海外の新自由主義やニューケインジアンなどの主流派学者には金融緩和の強化を提唱する者が少なくなかった。とはいえ、クルーグマン流の「中央銀行が無責任になれ」といった極端な意見に同調する声は少なかったし、日本のリフレ派のように「とにかく量的緩和をすればいい」という単純な貨幣数量説を唱える学者は、海外にはほとんどいなかった。

実はクルーグマン自身も、リフレ派のような単純な量的緩和を唱えていたわけではない。持続的なマネタリーベースの引き上げによって「インフレ期待を引き起こす」という点に重きを置いていた。

米中央銀行ＦＲＢの議長だったベン・バーナンキ（１９５３〜）にしてもそうだ。彼も日本のリフレ派にとっては教祖的な存在と言える。しかし彼も単純なリフレ論者ではなかった。議長になる前、「デフレを克服するにはヘリコプターでお金をばらまけばいい」と発言し、「ヘリコプター・ベン」の異名をとったバーナンキだが、議長になるとそれを単純に実行することはなかった。

FRBは量的緩和政策を導入したものの、彼自身は日銀のようなマネタリーベース（お金）の量に焦点を合わせた議論をはっきり否定した。債券市場が機能停止しないように、量より「質」を重視して市場介入した。量的緩和（QE1〜QE3）は実行したが、金額や時期を制御しながら進め、「無責任」にはならなかった。

ノーベル賞受賞者のクルーグマンはリフレ派にとって格好の広告塔だった。とはいえ、クルーグマンのノーベル賞受賞のテーマは国際貿易論と経済地理学であり、「流動性の罠」にかかわる金融緩和や不況理論がテーマではなかった。

「日本への謝罪」クルーグマン

クルーグマン自身はリフレの「聖書」のような存在であった「日本の罠」の論考を、のちに「私にとって最高の論文の一つ」と振り返っている。だが、アベノミクスが始まって

1年半ほど経った2014年秋、「日本への謝罪」と題して前言を翻すような論考もホームページに掲載している。そこではこんな説明をしていた。

「終わりの見えない停滞とデフレに苦しんでいた日本の政策を欧米の経済学者たちは痛烈に批判してきた。私もその1人だったし、バーナンキもそうだったが、謝らなければいけない。欧米も日本と同じような不況に陥っている」

「日本の罠」で主張していたような、金融緩和が不足していた日本だからデフレに陥った、という批判は間違いだったと認めたのだ。日本経済に特有の構造的な問題ではなく、実は先進国に共通する問題かもしれないと述べている。

とはいえ、いったん走り始めたアベノミクス＝リフレ政策は、安倍政権が長期化するなかで、もはや止まることはなかった。そこで本人の意向とは関係なく、「クルーグマン」ブランドがずっと利用され続けたのである。

翁邦雄◉リフレ論を巡る「岩田─翁」大論争の当事者

クルーグマンの「日本の罠」より何年も前の1990年代初頭、日本ではすでにリフレ論を巡る論争が起きていた。仕掛けたのは、その後、リフレ派の重鎮として存在感を示し、黒田（東彦《はるひこ》）日銀で副総裁まで務めた上智大教授の岩田規久男だ。これに対峙したのは日銀を代表する論客で、当時は調査統計局の企画調査課長だった翁邦雄である。

2人の間で繰り広げられた「岩田─翁論争」はその後も、日銀史に刻まれる政策論争として語り継がれている。このリフレ論の実践と位置づけられるのがアベノミクスであり、黒田日銀による異次元緩和だ。リフレは結局、世の中に何をもたらしたのか。論争の当事者である翁にその後の経過と結果を踏まえ、論争後の顚末《てんまつ》を総括してもらおう。

●翁邦雄・京都大公共政策大学院名誉フェロー

おきな・くにお　1951年生まれ。1974年東京大経済学部を卒業、日本銀行に入行。

米シカゴ大Ph.D取得。日銀金融研究所長、京都大教授などを経て、現在は大妻女子大特任教授、京都大公共政策大学院名誉フェロー。著書に『人の心に働きかける経済政策』（岩波新書）、『日本銀行』（ちくま新書）、『金利と経済——高まるリスクと残された処方箋』（ダイヤモンド社）などがある。

「錦の御旗」にされた異次元緩和

——リフレの是非を巡る論争は1990年代初め頃にあった「岩田—翁論争」が始まりでした。そのリフレ論を端緒とした異次元緩和は、結局この9年間で日本に何をもたらし、何を変えたのでしょうか。

翁　10年ほど前、異次元緩和の前夜の頃ですが、リフレ派と呼ばれる人たちが考えていたことは主に二つあったと思います。第一に、デフレが日本経済の停滞の根源だということです。第二に、「インフレはいつでもどこでも貨幣的現象」というマネタリストの巨頭ミルトン・フリードマン（1912〜2006）の箴言です。この二つを組み合わせて「日銀が大胆な金融緩和をすればインフレ目標は達成できるし、日本経済の停滞は突破できるはずだ」と考えたのです。

とはいえ、フリードマンの言葉は論理的に証明されたものではなく、キャッチフレーズのようなものでした。そもそも金利には下限があり、それに到達した場合、金融政策の有効性は大きく制約される、というのがケインズの「流動性の罠」以来の議論です。まさにその制約下にあった日銀は、異次元緩和を9年やっても2％インフレ目標が達成できないことを証明してしまいました。自在にインフレ率を動かすことなどできなかったのです。日銀はそれでも「デフレではない状況を実現した」というあいまいな成果を主張していま す。しかし日本経済の停滞は異次元緩和以前と同じように続いているし、賃金は上がらず、潜在成長率は下がり続けています。

——日本でリフレ論を実践するアベノミクスがおこなわれたのは、クルーグマン教授の「日本の罠」の影響も大きかったのではないですか。

翁　確かに、クルーグマンの影響は大きかったかもしれませんね。彼のコラムや論文は新しい視点を提示する面白いものが多く、文章もところどころおふざけを入れたこなれた書き方で読みやすい。彼は当時から今日まで非常に魅力的な書き手であり続けていると思います。ただ、影響が大きかった1998年の彼の一連の議論については、理解のされ方やモデルの構造など、いくつか問題がありました。

まず、理解のされ方ですが、貨幣数量説的な意味で量的緩和の有効性を裏書きしたもの、という受け取り方をした人が多かった。これは間違いです。この点については、クルーグマンも米マサチューセッツ工科大（MIT）のホームページにアップしたメモでこう述べています。

「私のJapan's Trap（日本の罠）論文を表面的に読んだに過ぎない読者の多くは、私が、単に『日本は大量の貨幣を増刷すべきである』と主張していると解釈しているようである。確かに私はその通りのことを以前に書いたことがあり、そうした政策が何の不都合ももたらさないと主張していた。しかしながら今は、Japan's Trap論文の分析に基づき、現時点で大規模な金融緩和をおこなったとしても、おそらく何の効果ももたらさないであろうと考えている。必要なのは、将来の金融緩和に対して、信頼しうる（credible）コミットをし、それによってインフレ期待を起こすことなのである」と。

翁 邦雄氏　撮影・原 真人

第二にモデルの構造上の問題は「将来、金融政策はインフレをもたらす効果がある」というのはクルーグマンの仮定に過ぎない、ということです。その欠陥は、その後、明白になっていきます。長期停滞論が台頭する中で元米財務長官ローレンス・サマーズ（1954〜）が指摘したように、「いまは何の効果もない」大規模な金融緩和が「将来効果がある」ものに変わると信じるべき理由はなく、それがなければ金融政策でインフレ期待が上がる理由はない、ということが明確になっていったからです。

ただ、クルーグマンは、経済学者は自分の議論に誤りがあった場合、それをしっかり認めるところから再出発すべきだ、という考え方を強く主張している人で、実際その努力をしている、と思います。

――実際に誤りも認めているのですね。

翁　サマーズの批判も素直に受け入れ、2015年の米ニューヨーク・タイムズ紙のコラム「日本再考」では、需要不足を日本停滞の主因として重視してきた論旨を一転させます。いわく、日本は過去四半世紀にわたってゆっくりと成長してきたが、その多くは人口動態の影響による、生産年齢人口1人当たりでは2000年ごろから米国よりも速く成長している、というものです。これ、（元日銀総裁の）白川方明《まさあき》さんとほぼ同じ主張ですね。

そのうえで、デフレにもかかわらず、日本経済が現時点で深刻な落ち込みを見せていないのなら、なぜ低インフレやデフレが問題なのだろうか？　と改めて問い直し、デフレが続くと財政状況のひどい日本の場合は財政の持続性が懸念される、という理由にたどり着きます。そして財政状況を好転させるには2％のインフレ率は不十分で、インフレによる財政再建のための思い切った財政拡大という、クルーグマン本人も直観に反するので実施は難しいだろうと述べる新たな政策提言にたどり着きます。しかし、この議論はスルーされて、日本では広まりませんでした。

こうした流れをみると、クルーグマンの議論はリフレ派の人たちにとって心地良い部分だけを切り取られて「錦の御旗」に使われた、と感じています。いずれにせよ、異次元緩和でインフレ期待は変えられませんでした。素朴な貨幣数量説も、「インフレ期待への働きかけ」というクルーグマンの処方箋も、いずれも有効に機能しなかったのは確かです。

――「変えられなかったもの」だけでなく、異次元緩和のせいで「失ったもの」もあるのではないですか。

翁　最たるものは財政規律でしょう。異次元緩和によるマイナス金利政策と大量の国債購入は政府の利払いコストを低減させました。それによって政府や国民の財政規律の意識がすっかり薄くなってしまいました。財政拡大への依存が強まるなかで、ワイズ・スペンディング（予算を賢く使うこと）の意識を後退させ、選挙前には与野党が公約で財政出動の規模を競い合い、バラマキ合戦と揶揄されるような状況を作り出してしまったと思います。

2％にこだわる座標軸が不明

――2022年春、消費者物価上昇率は日銀が目標としていた2％に達しました。それでも日銀は金融緩和をやめません。その点をどう評価していますか。

翁　私は日銀が「2％」という数値にこだわることに本質的な意味を見いだせません。日銀法第2条で定められているのは「日本銀行は、通貨及び金融の調節を行うに当たっては、物価の安定を図ることを通じて国民経済の健全な発展に資することをもって、その理念とする」ということです。つまり日銀法に消費者物価上昇率2％という水準自体が定められているわけではありません。

法が期待するのはあくまで「国民経済の健全な発展に資する」ための物価安定です。そう国民が感じられる物価安定は経済や賃金などの状況によって、あるときは2％をかなり上回ることもあるし、下回ることもあり得るはずです。物価安定を特定の数値に結びつけたところに、そもそも無理があったのです。

足元の物価上昇は、原油や天然ガスなど輸入価格高騰が起点です。そのような供給ショックで物価が上昇するときに金融を引き締めると、景気悪化を加速する可能性があります。だからインフレが2％に到達したから金融引き締めすべきだとは必ずしも言えません。ただし、2％の数字にこだわってきた日銀がいま（結果的に2％を超えたのに）インフレの中身を問題にして金融緩和を修正することを拒むのは、議論としては「後出しじゃんけん」のような印象を受けますね。

――後出し、ですか。

翁　そもそもアベノミクスでは、良いデフレも悪いデフレも存在しない、インフレ率を上げることが至上命題、との立場だったはずです。それを踏まえて、黒田東彦総裁は就任記者会見で「2％の物価目標をできるだけ早期に実現するということが、日本銀行にとって最大の使命」との姿勢を示しました。そのために採用したのが異次元緩和です。だからこそ、2014年に原油価格が低下し、日本の交易条件が改善する「良いデフレショック」が起きたときでさえ、金融緩和による円安で物価への影響を打ち消しました。こうした経緯をみると、表面的な数字を重視するのか、それとも内容を重視するのかについて、日銀の座標軸はまったく一貫していません。それによって金融政策がますます理解されにくくなっています。

幻想から覚めない日銀

——中央銀行とはインフレファイター（インフレと闘う組織）として設けられた組織ですよね。その中央銀行が物価上昇をめざすことが妥当なのかどうか。

翁　確かに、１９９０年代に先進諸国で進んだ中央銀行法改正の動きも、その延長線にあるユーロ圏の中央銀行ＥＣＢ（欧州中央銀行）設立の理念も、インフレファイターの側面を色濃くもっていました。ただ、もう少し長い目で歴史を振り返ると、中央銀行の目標は変遷しています。最も歴史ある中央銀行のひとつ、英国イングランド銀行をみても、最初は金融システムの安定のための「最後の貸し手」としての役割が意識されていました。中銀の役割に金融政策が登場してくるのは、もっとずっと後のことです。つまり歴史的に見ても中央銀行にとって中軸となる役割は、経済における金融機能の安定です。そのなかに金融システムの安定、物価安定の両方が含まれています。

１９２９年に米国で始まった大恐慌のあと、しばらくはケインズ理論をもとに、インフレ抑制には金融政策、デフレ脱却には財政政策という役割分担が経済専門家たちのあいだの標準的な議論になっていました。ただ、20世紀終盤になってくると、大恐慌の経験が忘れ去られ、ケインズ経済学への批判が高まる中で、中央銀行への期待が過度に高まりました。そしてインフレもデフレも金融政策で解決できる、という幻想が生まれたのではないでしょうか。

——いま物価高騰にこれだけ国民から悲鳴があがっています。それなのに日銀があいかわらず2％インフレ目標を掲げ続けることは好ましいことでしょうか。

翁　FRB元議長のグリーンスパン氏がかつて「人々が物価のことを気にしなくなった状態が物価安定状態だ」という趣旨のことを述べています。ではどんな状態なら物価を気にしなくなるでしょうか。それは年金や賃金との相対関係において決まると思います。賃金が平均的に毎年10％上がる経済なら、たとえ物価が5％上がってもあまり気にしないでしょう。しかし賃金が下がっている世界では、物価が1％上がることにも強い抵抗感があるはずです。年金だって制度設計によって実質価値が十分保証されているなら、インフレへの関心がこれほど高まることもないでしょう。

——安倍政権が「脱デフレ」のためだとアベノミクスに乗り出したとき、人々はとくに物価のことを気に掛けていませんでした。むしろあれは「安定」だったのでは？

翁　そうです。そういう観点で言えば、賃金の上昇などと無関係に「2％のインフレこそが物価安定」と日銀が標榜しても、人々がかんたんにインフレを受け入れるはずがありません。黒田総裁の（2022年6月の）「家計は値上げを許容」発言が大きな話題になったのは、そのためでしょう。日銀は、2％目標の持続的達成を物価安定と定義してその達成に躍起となっている。一方の国民は、賃金や年金を勘案しながら物価上昇を気にかけている。その両者の物価安定観の違いが表面化したのだと思います。

財政規律を捨てたMMTの危うさ

――政界では、いくら国債を発行して財政を拡大してもかまわないというMMT（現代貨幣理論）や、それに影響を受けた主張が広がっています。MMTの評価は？

翁　私は財政学者ではないので、あくまで外野的な印象ですが、当たり前のことを言っている部分と、非現実的な部分とが混在していますね。当たり前なのは「自国通貨を出している中央銀行を持っている国にはデフォルト危機は存在しない」という主張です。逆のケースでは、2011年の欧州連合（EU）の政府債務危機がありました。あのとき、ギリシャ危機がポルトガル、イタリア、スペインに波及し、国債金利が急騰。フランス国債でさえ格下げされるなど、財政破綻と無縁と考えられてきた欧州先進国でも破綻が現実的な問題となりました。その根源的な理由は、ユーロ圏諸国は日本や英国、米国などと異なり、自国通貨がないという点でした。共通通貨ユーロの導入と引き換えに、ユーロ圏各国は自国通貨を放棄したからです。その意味で、たびたびの通貨危機で、自国通貨建て借り入れができなくなった発展途上国に近い問題を背負い込んでしまったのです。

一方、ＭＭＴの危うい部分は、自国通貨を発行しているから財政は債務残高など気にせずにどんどん拡張していい、インフレになれば増税すればよいという主張です。これは非現実的です。経済学というより政治プロセスの問題かもしれません。戦前の日本も高橋是清財政で拡張したあと、巻き戻しに失敗しました。財政規律を捨てたバラマキがいったんインフレにつながれば、それが高進していった時に、痛みを伴う厳しい増税で抑止するのは不人気政策だけに至難です。

——日銀が買い入れている国債はついに発行残高の５割に達しています。この現状は中央銀行が紙幣を刷って政府予算をまかなう「財政ファイナンス」と言ってもいいのではないですか。

翁　実態としては大規模な財政ファイナンスがおこなわれていると言っていいでしょう。しかし日銀はあくまで金融政策に必要なだけの国債を買っているのであって、財政ファイナンスが目的ではないと主張しています。金融政策の目的が達成されれば財政ファイナンスはおのずと解消されるというわけです。この水掛け論が決着するのは、異次元緩和の出口に向かう局面です。金融政策上の目的からすれば、不要になった低利の国債購入をやめ、物価安定のために金利を引き上げなければなりません。そうなると大量の低利国債を資産として抱えていて、しかも負債の日銀当座預金に金利を払う必要が生じる日銀は、いずれETF（上場投資信託）の含み益なども使い果たして債務超過に陥る可能性があります。

たとえば日銀が500兆円の日銀当座預金に1％の金利を払えば5兆円です。これは消費税で言えば2・5％分くらいの税収に相当します。黒田総裁が「時期尚早」と言って出口の議論を封印し続けたのは問題でした。

金融緩和にこだわれば大幅円安も

――金融政策は非常に専門的な領域です。それもあるのでしょうが、日銀には「黙って我々にまかせておけばいい」と外からの批判に耳を傾けない面があるのではないですか。

翁　たしかに今の日銀は批判や疑問に対して、問題ない、と一蹴し根拠をまともに説明しない傾向が顕著です。日銀に限らず中央銀行は独自のドグマ（教義）で走りがちなところがありますが、説明努力は惜しまないのが普通です。しかし、「黙って我々にまかせておけばいい」では世の中で通用しないでしょう。もっとも、近未来に考えなければいけないかもしれない政策課題なのに、その議論そのものを封印してしまう姿勢は１９７０年代の固定相場制時代の政府・日銀にもありました。当時の政府・日銀は、円切り上げを議論することと自体が市場に円切り上げの可能性についての思惑を招く、という理屈で議論を封印しました。そして緊急事態を想定したまっとうな対策プランがないまま、円切り上げ、変動相場制への移行に直面しました。その結果、為替市場は大混乱し、日銀は過度の金融緩和を余儀なくされ、日本は狂乱物価へと突入してしまいます。

日銀がいま採用しているイールドカーブ・コントロール（長短金利操作）という金利政策は、まさに国債についての固定相場制と言ってもいい。かつての失敗を繰り返さないために、いずれ避けて通れない問題を無視せず、議論を封印しないでオープンに議論しておくべきです。

――黒田日銀は最初から、大規模な金融緩和をサプライズ（予期させないで驚かすこと）

図１　異次元緩和の主なメニュー

黒田日銀の主な政策	開始時期	特色	経緯・背景
量的・質的緩和（バズーカI）	2013年4月	市場に供給するお金の量を2倍に、日銀の国債保有量を2倍以上に増加	黒田日銀発足後、いきなり2年で2%インフレ目標を達成すると宣言
追加緩和（バズーカII）	2014年10月	日銀による市場へのお金の供給量を年間80兆円に増額	サプライズで初の追加緩和。「戦力の逐次投入はしない」を翻す
マイナス金利	2016年2月	初のマイナス金利。短期金利の誘導目標をマイナス0.1%に	先行導入の欧州が解除したため、現在は世界の中央銀行で唯一実施
イールドカーブ・コントロール（長短金利操作）	2016年9月	世界で初めて長期金利操作を導入。10年物国債金利をゼロ%程度に	世界の中央銀行で唯一採用。次第に国債買い支えの色彩が濃く

で発表することで緩和効果を高めようというやり方を続けてきました。オープンな議論とは無縁です。

翁　たとえば日銀が大幅赤字に陥るような時に、それが何を意味するのか、何が起きるのか何も起きないのか、といったことについて市場に十分すり込まれているのと、ある日突然起きるのとでは、受け取られ方がまったく違います。地ならししておく必要があります。

――急激な円安が起きたのは、異次元緩和などマクロ政策の失敗がもたらした「日本売り」の側面はありませんか。

翁　日銀がイールドカーブ・コントロールによって金利を固定しているので、本来なら政府債務危機のときに金利急騰のシグナルを出す市場機能がおおむね凍結されてしまっています。こうなると、財政危機をはじめ「日本売り」のシグナルがにじみ出やすいのは、日銀がコントロールするのは難しい外国為替市場にならざるを得ないのかもしれません。ただ、いまの円安は「日本売り」の要素の有無にかかわらず必然的にもたらされています。国際金融論では「国際金融のトリレンマ」という命題がよく知られています。独立した金融政策、安定した為替相場、自由な資本移動、の三つは原理的に同時に実現できないというものです。だから発展途上国はしばしば自由な資本移動をあきらめるし、自由な資本移動が大前提になる先進国は為替相場の安定か、独立した金融政策のいずれかを選ぶことになります。欧米が急速に金融の引き締めに向かうなかでも、粘り強く金融緩和を続ける、という日銀は独立した金融政策を選んでいます。だとすると為替レートの安定は望めません。

――外国為替市場への円買い介入では対応できないのですか。

翁　為替介入という手段も確かにあります。ただ、自国通貨高、つまり円高局面なら無制限で円売り介入すれば為替レートを安定させることは原理的に可能です。しかし自国通貨安、つまり円安のようなときには外貨（ドル）を売って自国通貨（円）を買う必要がある。外貨準備は無限ではないので無制限の円買い介入は不可能です。そのことは投機筋には見透かされています。

――この先、国債暴落、円暴落、ハイパーインフレのような国民生活が困難になる事態になる恐れはありませんか。

翁　国債暴落はいまのように日銀が国債を買い支え続けるなら、ありえないでしょう。しかし、円暴落やそれが引き金となった高率のインフレが絶対に起きないとは言えません。

ただし、ハイパーインフレが起きる可能性はきわめて小さいです。というのは、専門家のあいだではハイパーインフレとは月率50％を超えるインフレ率と定義されています。これは年間で1万％を超えるようなとんでもないインフレです。さすがにいまの日本でそうした事態が起きるとは思えません。現在予見されていない、よほど強烈なショックでも加わらないかぎり、そういうことにはならないでしょう。

とはいえ、日銀がいまのように独立した金融政策を追求する限り、海外の金利動向によっては大幅な円安が今後も進むことは十分あり得ます。日本の経済政策運営に不信や不安が加われば、円売り圧力はさらに高まってくるでしょう。

実は不都合な2％目標の達成

――たとえばどんな問題がパニックのきっかけになりますか。

翁　金利が上昇する局面で、何らかの理由で株価が暴落し、日銀が保有するETF（上場投資信託）の含み益が消え、同時に日銀当座預金への巨額の利払いによって日銀が債務超過に陥る、といったケースです。そういう事態は十分ありえます。

中央銀行は民間銀行とちがって債務超過になっても営業を続けられるので、「問題ない」と中央銀行員は考えがちです。しかし、世間や市場がそのときどう反応するか、リスクを十分考えて予め説明を尽くしサプライズがパニックを呼ばないようにしておく必要があります。サプライズが裏目に出たマイナス金利政策の導入時の失敗を繰り返さないためにも、将来、政策変更してソフトランディングするのを容易にする地ならしをしておいた方がよいと思います。

――アベノミクスは異次元緩和だのみの色彩が濃かったのではないですか。

翁　そうですね。金融緩和、財政出動、成長戦略の「3本の矢」の本丸は本来、成長戦略です。しかし、結果的に大胆な金融政策に大きく依存し、それが行き詰まってからは財政政策だのみになってしまいました。当初、安倍首相は日銀に2%の物価目標の早期達成を強く求め、黒田総裁はその意を受けて大規模な金融緩和にまい進しました。しかし、実は仮に物価目標達成にめどが立って本当に金利が上がり始めたら、困難に直面するのは巨額債務を抱えている政府です。

――2%目標を達成してしまっては、実は都合が悪いということですか。

翁　はい、そうです。日銀が物価目標にこだわって超緩和を続け、それでも目標達成のメドがたたない。そういう状態こそが政府にとって最も居心地がいいという矛盾した状態が続いてきました。目標達成のメドが立たなければ超低金利は維持されます。ほんとうに2％のインフレ率が実現しても国民が喜ぶわけでもない。実際、2％達成が突然視野に入りはじめてから政府は突如、物価対策に追われています。

——安倍元首相らは雇用が改善したことを「アベノミクスの成果だ」と主張してきました。

翁　確かにこの間、労働需給はひっ迫しました。これ自体は良いことです。ただし、それがおもにアベノミクスによるものなのかどうかは議論があります。失業率の低下も有効求人倍率の上昇も、アベノミクス以前の2008年のリーマン・ショックのあとからトレンド的に続いています。おそらく海外経済の拡大、構造的な生産年齢人口の減少などが強く作用していると思います。

この状況で期待されるのは、日本経済の生産性が向上して生産年齢人口の減少を相殺し、それで潜在成長力を高めていくこと。さらにそれが実質賃金の上昇につながっていくことです。アベノミクスはそれをめざしていたはずですが、実際には全要素生産性の上昇率が持続的に低下を続けてきました。以前には1％ほどあった上昇率が、直近ではゼロ近くまで低下しています。期待と裏腹に潜在成長率を押し上げてはいません。

――GDP600兆円、出生率1・8、介護離職ゼロをめざした「新3本の矢」の目標も、うやむやのうちに消えましたね。

翁　達成度がどうなったかと言えば、合計特殊出生率（一人の女性が生涯に産む子どもの数に相当）は、新3本の矢が打ち出された2015年の1・45から小幅に低下し続け、21年には1・3まで下がりました。目標値である1・8（結婚をして子どもを産みたいという人たちの希望する出生率）から遠ざかり続けています。介護離職も高水準が続いています。

――アベノミクスが成し遂げたものはあるのでしょうか。

翁　安倍元首相はダイナミックに次々と新たな課題を設定し、それをみごとに政治的勝利につなげてきました。しかし、失業率は低いものの、賃金は上がらず、次々と掲げられた課題の大半は未達です。また出生率のような日本の将来を左右する指標がむしろ目標から遠のいているのは心配です。アベノミクスは政治的勝利を生かし切れなかったということではないでしょうか。

（インタビューは2022年7月にオンライン版「論座」に掲載。一部は23年3月に追加インタビューした）

白川方明◉元総裁が語る「民主主義と中央銀行」

歴代の日銀総裁のなかで白川方明《まさあき》ほど金融理論や金融政策を深く究めることに誠実で、そのことについて説明責任を果たそうと努めた総裁はいなかったのではないか。ただ、使命に忠実であろうとした結果、政策の副作用やマイナス面などにも言及し、政府側から「金融緩和の効果を弱めてしまっている」という批判をしばしば浴びた。とりわけ「日銀は政府の子会社」と言ってはばからない安倍晋三が２０１２年末に再び政権の座に就くと、白川日銀は激しい批判にさらされた。

安倍によって生み出されたアベノミクスと黒田日銀の異次元緩和は、白川日銀を完全否定するところからスタートした。それは伝統的な中央銀行のあり方を覆《くつがえ》そうという試みでもあった。

今日的な意味での中央銀行が誕生したのは19世紀後半に入ってからのことだ。独立した中央銀行という考え方が多くの国に広がったのは、せいぜいここ数十年のことだろう。この数世紀にわたっていくつものバブル崩壊と財政破綻、通貨暴落という不幸な歴史を重ねた末に、やっとたどり着いた人類の知恵の結晶でもあった。

通貨を発行する主体は政治から距離をおいたところにあるほうがいい。そのほうが通貨価値を守りやすく、経済を安定させやすい。そう考えられて中央銀行が誕生した。

その仕事に忠実であろうとしたのが白川であり、逆に批判的だったのが安倍や黒田であった。

たぶんこうしたあつれきは民主主義のなかではいつでも起きうる。時の権力者には常に景気刺激的な金融緩和をさせたいという誘惑がつきまとうからだ。

新型コロナ感染拡大とウクライナ戦争という二つのショックに際し、先進諸国はどこも超金融緩和や財政出動によって、極端に拡張的なマクロ政策を繰り出した。その反動でもたらされたのが昨年来、世界中を襲った激しいインフレ圧力である。

欧米の中央銀行は超金融緩和から一転して急な引き締めで対応せざるを得なくなった。この激しい政策の振れ幅がいま金融危機を引き起こしつつある。2023年3~5月、米国では史上2番目、3番目、4番目の規模の銀行破綻が相次ぎ起きた。欧州では名門クレディ・スイスが破綻の危機に瀕して身売りせざるを得なくなった。

わがままな民意に振り回されることも多い民主主義のもとで、中央銀行はときに「打ち出の小槌」のような役割を求められる。紙幣をどんどん刷って政府の借金の肩代わりをしろ、ということだ。そのとき中央銀行はどうすべきか。

この問いに対し、アベノミクスの10年を経て、白川は何を感じ、どう考えてきたのだろうか。これまでのインタビューと発言から紹介したい。

まずはコロナ危機前の2018年に、「民主主義と中央銀行」をテーマに朝日新聞に掲載したインタビューからご覧いただこう。白川はそこでこう述べている。

「経済は常に変化する。だから中央銀行は永続的な学習組織であり続ける必要がある」

政府からも国民からも、その時々の環境によって求められるものは百八十度変わることもある。権力の思惑で理論や論理がねじ曲げられることも珍しくない。そのなかで生きた経済を相手にする中央銀行がどう行動すべきかという答えは簡単には見つからない。常に学習し続けるしか道はない、ということか。

●白川方明・日銀元総裁

しらかわ・まさあき　1949年生まれ。1972年、東京大経済学部卒、日本銀行に入行、米シカゴ大経済学修士、日銀理事。京都大公共政策大学院教授を経て日銀副総裁、第30代総裁（2008年4月～13年3月）に。著書『中央銀行――セントラルバンカーの経験した39年』（東洋経済新報社）は英語、中国語に翻訳されて海外でも出版されている。他に『現代の金融政策――理論と実際』（日本経済新聞出版社）などの著書がある。

金融緩和は将来からの需要の「前借り」

――先月（2018年10月）の著書『中央銀行』の出版で、2013年春の総裁退任以来の沈黙を破りました。なぜいま回顧録を書いたのですか。

白川　中央銀行や金融政策の役割について社会全体で議論を深めたいからです。その材料を提供するためにも、激動の時代の記録を残しておく義務があると考えました。

――インフレ目標もテーマの一つですね。総裁時代、政府・日銀の共同声明をめぐって政府と意見が対立した際の経緯も詳しく書かれています。

白川　2012年12月の総選挙で自民党が（大胆な金融政策で物価を上げるべきだと唱える）リフレ派の主張を全面的に掲げ、日銀法改正にまで言及して圧倒的勝利を収めました。国民もある種の実験的政策に賭けてみようという気分になったのでしょう。一方、日銀には法の規定に従い、独立した中央銀行として物価と金融システムの安定を維持する責任があります。民主主義のなかで、どう対応すべきか考え抜きました。そして、なんらかの共同文書を公表するのはやむをえないと判断しました。もちろん私が不適切な文書にサインした結果、通貨の安定が脅かされるようなことになるのだけは絶対に避けなければなりません。(共同声明には)2%のインフレ目標を、期限を区切って機械的に追求しなくてすむように、日銀として譲れない基本原則をすべて書き込むことを求め、そうなりました。

政府と日銀の「共同声明」とは、2013年1月、リフレ論を唱える第2次安倍政権が日銀に強く求めて作った「デフレ脱却」を目標とする政策連携の合意文書のことである。安倍政権は当初、日銀に「物価安定目標2%を、2年以内に達成する」と期限目標つきで公約するよう強く求めた。しかし白川らは期限の設定を強く拒んだ。その結果、共同声明の文書には、日銀は金融面での不均衡やリスクを点検しながら運営する、そして政府は成長力の強化や持続可能な財政構造を確立するための取り組みを強力に推進する、という前提条件つきで「できるだけ早期に実現することを目指す」という表現が盛り込まれることになった。

ちなみに白川は2023年1月に朝日新聞に載った別のインタビューで、2%目標を機械的に追求しなくても済むような共同声明にこだわった理由について、「政府の深刻な財政状況を考えると、日銀が金融緩和を通じて際限のない国債の買い入れに組み込まれる懸念があり、（中略）日銀の使命達成が難しくなると考えたからだ」と述べている。

2018年のインタビューに戻ろう。

――ただ、後任の黒田総裁になると、日銀は「2年」の目標期限を掲げてしまいました。そうなってしまったのは、2%目標を設けたことがそもそも間違いだったのではないですか。

白川　民主主義のもとで、日銀は（国民から金融政策を）白紙委任されているわけではありません。それに日銀法で政策目的が「物価の安定」と決まっている以上、日銀は国民に対して数字的なイメージをあるていどは説明する必要があります。だから、そこまではやむをえないと判断しました。とはいえ、経済の不均衡がすべて物価に表れるわけではありません。1980年代後半の日本を含め、近年の国内、海外のバブル経済はいずれも物価が安定するなかで起きています。本当は2%がいいか1%がいいか、という目標数字が本質的な問題ではなく、一つの数字に過度にこだわらず、金融の不均衡を含めて持続可能かどうかを点検することが大切なのです。

——総裁当時の白川さんは「緩和効果の限界を正直に説明しすぎる」「もっと政策効果があると演じるべきだ」という批判もされましたね。

白川　グローバル経済という外部環境に恵まれれば、演技に効果があるように見える局面はあるでしょう。でもそんな効果は長続きしません。いずれその言葉に日銀自身が縛られ、持続可能性のない道にはまりこむことを懸念しました。政策の大前提は、（正直に説明する）日銀の誠実さに対して国民の信頼があることです。

白川方明氏　撮影・朝日新聞社

——安倍政権がリフレを掲げた目的は「デフレ脱却」でした。それにしても日本は本当にデフレだったのでしょうか。

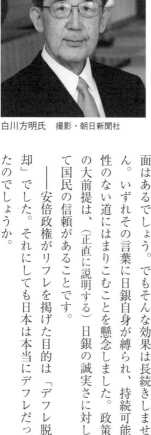

白川　緩やかな物価下落が生じたのは事実です。それをデフレと定義すればデフレです。98年から2012年までの15年間で物価は累計4％弱、年率で0・3％下落しました。しかし、これが日本の低成長の根本原因とは思えません。もしそうなら2000年以降の日本の成長率が1人当たりではG7（先進主要7カ国）の平均並み、生産年齢人口1人当たりでは最も高いという事実は説明できません。

――それでも多くの人が「デフレが日本経済の最大の問題」と信じこんでしまったのはなぜだったのでしょうか。

白川　多くの国民は「デフレ」という言葉を物価下落という意味より、将来の生活不安など現状への不満を表す言葉として使ったのでしょう。他方でエコノミストにとって、デフレは1930年代の大不況を連想させる恐怖感の強い言葉でした。「失われた20年」という言葉のナラティブ（物語）の心理的作用も大きかったのでしょう。アジェンダ（課題）が正しく設定されなかったように感じています。

――正しいアジェンダは何だったでしょうか。

白川　最も重要なのは超高齢化への対応と生産性向上です。金融緩和とは、将来需要を「前借り」して「時間を買う」政策です。一時的な経済ショックの際、経済をひどくしないようにすることに意味があります。でもショックが一時的ではない場合、金融政策だけでは問題は解決しません。

危機は毎回違う顔、将軍は一つ前の戦争を戦う

——政治がその課題に向き合わないのは、なぜでしょうか。

白川　少なからぬ政治家は問題を十分認識していますが、痛みを伴う改革は国民に不人気です。その点、金融政策なら、選挙と関係なく中央銀行が決められます。そうなると、誰も異を唱えない金融緩和が好まれがちになります。これは世界的な傾向です。経済状況が不満足で、かつ低インフレ状態なら、中央銀行も何か行動しなければ、という心理状態に陥りやすいのです。社会全体の集合的圧力に支配され、みな、身動きできなくなってきます。

——では、どうしたらいいのですか。

白川　何より正しいアジェンダの設定です。そのために必要なデータや選択肢を専門家がしっかり提示することが大事です。もちろん、専門家も時にはまちがいますから、多様な見方が提供されることも大切です。そうすれば最終的に国民は子や孫のため、社会の持

続性を考えて正しい道を選ぶと信じています。

――日銀総裁として相対したリーマン・ショック（2008年）での教訓は何かありますか。

白川　あの危機で世界の金融システムは崩壊寸前まで行きました。2000年代半ばには誰もあんなグローバル危機が起きると予想していませんでした。そして危機後も、世界経済は「偽りの夜明け」を繰り返しました。住宅バブル崩壊後の米国と、バブル崩壊後の日本のGDPの推移はそれほど変わりません。それほど後遺症は大きかった。教訓はやはりバブルを起こしてはいけないということです。危機の前に学界や各国の政策当局の間で支配的だった議論は「物価が安定していれば経済は安定する」「万が一バブルが崩壊しても積極的に金融緩和すれば低成長は防げる」というものでしたが、いずれも誤りでした。

――もしかすると、米リーマン・ブラザーズを破綻させずに米政府が救済していれば、あれほど深刻な世界経済危機にはならなかったのではないですか。

白川　難しいところです。たしかに危機が深刻化した直接の引き金は（米国の中央銀行である）FRBがリーマン救済の融資をしなかったことでした。FRBは担保不足を理由にしましたが、実はあの判断は、破綻金融機関の救済について米議会や国民の反発の声が非常に強かったからではないかと想像します。

対照的なのが1997年、日銀が山一證券の自主廃業の際、無制限の特別融資をしたケースです。日米の置かれた状況はとてもよく似ていました。どちらも国内業界4位の証券会社であり、銀行システムはきわめて脆弱でした。しかも円滑に金融機関を破綻処理する仕組みや、公的資金を注入できる枠組みがありませんでした。日本では当時、政府・日銀が日本発の世界金融危機を防ぐことを何より優先し、山一に特別融資を出しました。その結果、山一の自主廃業による混乱は最小限に抑えることができ、日本経済の落ち込みはリーマンのケースと比べて小さいものにできました。しかし、それゆえに抜本策の採用は遅れ、問題先送りだと批判されもしました。

一方、リーマンのケースでは世界経済は大混乱に陥ってしまいました。ですが、その結果として、米議会もいったんは否決した危機対応の法律の承認に動き、7000億ドルの公的資金投入が可能になりました。ただ、失業率は大幅に上昇し、トランプ現象に象徴される社会の分断の一因にもなりました。民主主義のもとで、誰が何をどのように決定するのが正しいのか、今も明確な答えはありません。

――危機後に先進各国の中央銀行が導入した非伝統的な金融政策、たとえば量的緩和やマイナス金利などの副作用が目立っています。

白川　日銀はゼロ金利、量的緩和などいくつもの非伝統的な金融政策の先駆者でした。1990年代半ば、短期金利が事実上ゼロに達し、日銀は短期金利操作という伝統的な金融政策が使えなくなりました。そこで効果とコストを点検し、国民に説明しつつ、新しい政策にトライしたのです。それは中央銀行としては必要な道だったと思います。

「非伝統的な金融政策」とは、中央銀行が短期金利を誘導しておこなっていた「伝統的な金利政策」が短期金利ゼロになって、これ以上の緩和ができなくなったときに編み出された緩和手段だ。中央銀行が金融市場に供給するお金（マネタリーベース）の量を増やしていく「量的緩和」、先行きの政策を約束する「フォワードガイダンス」、長期国債や社債、株式などを市場から買い取る「資産買い入れ策」、10年物長期金利を誘導する「イールドカーブ・コントロール」（長短金利操作）は、いずれも日銀が世界で初めて導入した。

短期金利をゼロからさらに下げる「マイナス金利政策」は、デンマークの中央銀行が世界で最初に導入し、のちに欧州中央銀行（ECB）や日銀も採用した。

――非伝統的政策を導入したのは正しかったのですか。

白川　個々の政策で効果の評価はそれぞれ違います。民間の調達金利を下げるためのさまざまな試みは正しかったと思います。でも単にお金の量を拡大することの刺激効果に私は終始、懐疑的でした。

――（2018年時点で）5年超に及んでいる異次元緩和に「出口」はありますか。

白川　現在の政策自体にコメントはしません。ただ出口の技術的な手法ははっきりしており、問題の本質は金融政策の出口ではないと思います。国債の日銀保有比率が著しく高まっているだけに、借金財政をどう再建し持続可能にするか、その取り組みこそ最大の出口政策です。政府・日銀の共同声明でもその重要性が強調されています。

――世界経済に次の危機が迫っているように見えます。どんな備えが必要でしょうか。

白川　危機は毎回「違った顔」をしてやって来ます。日本のバブルでは、我々はインフレを仮想敵として身構えていたら、敵は大きな資産バブルでした。「将軍は一つ前の戦争を戦う」という格言があります。今は世界的な債務膨張の影響が警戒されていますが、懸念はそれだけではありません。高齢化や人口減に社会の仕組みが合わずに不均衡が蓄積する、社会の分断が非理性的な政策を通じて経済停滞をもたらす、大規模な地震やサイバー攻撃が起きる――。さまざまなリスクへの備えが必要です。経済は自然現象ではありません。人間が意思をもって取り組めば歩みは変わっていくはずです。

（以上の白川方明氏へのインタビューは２０１８年10月実施、翌11月に朝日新聞に掲載した）

「危機は毎回違った顔をしてやってくる」
「将軍は一つ前の戦争を戦う」

このインタビューがおこなわれた２０１８年、白川は過去の金融危機で学んだ「教訓」をこんな言葉で示していた。私たちはそれから、コロナ危機後、ウクライナ危機後の世界でも、また同じようにこの言葉をかみしめ、苦い思いを繰り返している。

２０２２年から世界を襲った資源エネルギーのインフレは、デフレと戦っていたつもりだった先進諸国の中央銀行の思惑と政策を完全にひっくり返し、置き去りにするかたちで急速に進んだ。米ＦＲＢは21年秋ごろまで「物価高騰は一時的な資源高騰によるもの」と見て、すぐに沈静化すると説明していた。議長のジェローム・パウエル（１９５３〜）は記者会見で「利上げは時期尚早」との見方さえ示していた。

だがインフレの火の手はいっこうに収まらず、結局、ＦＲＢは翌22年３月にゼロ金利を解除、利上げに転じた。そして1年後の23年5月の会合まで10回の政策決定で連続して利上げすることになった。

その間、消費者物価の前年比伸び率は一時8〜9%に及んだ。23年春時点でも5%までしか下がらず、インフレを鎮められていない。労働者の賃上げはそのペースに追いつかず、多くの米国民の生活は実質的に苦しくなった。その結果、FRBは金融引き締めの遅れを厳しく批判されることになった。

程度の差こそあれ、日本も同じ問題に直面している。22年春からの物価高騰はやまず、消費者物価指数(生鮮品を除く)の前年比伸び率は22年度に3・0%と、41年ぶりの高さとなったのだ。賃上げはまったく追いついていない。実質賃金は23年3月まで12カ月連続のマイナスである。

この間、黒田日銀はあいかわらず物価を引き上げるための異次元緩和を続けた。将軍は、今も一つ前の戦争を戦っている。

真理を追究した英国貴族院による「白川公聴会」

日銀の金融政策はアベノミクスによって「政治的な妥協の産物」と化してしまった。国会でも、記者会見の場でも、黒田総裁のもとで日銀が純粋な政策論を語ることは事実上なくなったと言っていい。2%目標至上主義ありき、アベノミクスに付き従うことが前提の説明を余儀なくされた。幹部であれ、職員であれ、おそらく日銀の職務に誠実であろうとする者ほど忸怩《じくじ》たる気分で仕事に向き合わなければならなかったのではないか。

次に採り上げるのは、元総裁の白川が2021年4月に、英国貴族院（上院）の公聴会にオンラインで参考人として出席した際の、英議会議員らとの質疑応答の模様である。テーマは「量的緩和策」だった。英国の議員たちは党派性を離れ、金融政策をあくまで国民経済の視点で考え、さまざまな質問を発した。白川はそれに対し率直に論理的に答えた。

そういう機会を失っている私たち日本人に何か大切なものを思い出させてくれる機会だった。白川の問題提起は日本にいる私たちにも重く響くはずだ。いくつか重要な質疑を紹介してみたい。

ちなみに「量的緩和」とは、中央銀行が国債や社債などの債券を大量に購入することで、大量のお金を市場に流し込む政策だ。通常の金融政策のように金利をコントロールするのでなく、市場に流すお金の量をコントロールすることを重視している。2001年に日銀が世界で初めて採用し、2008年のリーマン・ショック以降は米欧先進国の中央銀行も次々と導入した。英国の中央銀行イングランド銀行もこれを採用しているため、英貴族院はその是非を検討するためにこの公聴会を開いたという。

公聴会では議員10人が質問者となり、入れ代わり立ち代わり質問を浴びせる形式で行われ、白川は1時間にわたってこれに丁寧に答えた。白川が総裁退任後、日銀の現行の金融政策について公の場で意見を述べる機会は実はほとんどなかった。とりわけ日本国内ではまずお目にかかれなかった。金融政策をめぐる自らの発言が政治的に扱われるのを避けるためだろうか。日本国内での講演や取材をほとんど受けなかったし、まして国会で証言したことはない。だから英貴族院の公聴会での証言は極めて異例である。その中から重要なやりとりをいくつか拾ってみたい。

英貴族院議員A（委員長）　日本で量的緩和をやってもインフレに火が付かなかったのは、なぜだと思うか。

白川　多くの先進国の中央銀行はいま、多かれ少なかれ同じような状況にある。日本では最近、過去の非常に低いインフレ率に影響を受けてインフレ予想がそこに「適合的」になっているという説明をよく聞く。そして、日本の過去のインフレ率が低いのは金融政策が十分に積極的なものではなかったからだという。私はこうした議論に納得していない。

インフレ予想が過去の実際のインフレに「適合的」というのは、つまり、過去にも物価が上がらなかったから、消費者が「これからも上がらないだろう」と過去にひきずられた予想になりがちになることを指す。

2013年春に総裁となった黒田は「2年ほどで2%インフレ目標を達成する」と自信満々に公約を掲げた。結局、10年でも理想とするかたちで達成できなかった。その間、日銀は2年で達成できなかったことについてさまざまな言い訳を持ち出した。原油価格が下がっている、携帯電話料金の値下げが影響している……といった理由だ。そしていよいよ他に説明のしようがなくなって持ち出した究極の言い訳が「適合的」だった。

だがそもそも、人々にデフレ心理が定着している状態を変える、というのが異次元緩和の当初の狙いであったはずだ。つまり「適合的な期待」は変えられる、という当初のふれこみだったのに、今になって「適合的期待」をできない理由として持ち出すのは、そもそも異次元緩和は有効ではなかったと言っているようなものだ。いまさらそんな言い訳を持ち出されても、という話なのだが、白川は懇切丁寧に「納得していない」理由を語った。ざっと要約すると次のようなものだった。

白川　いまの各国のインフレ率の違いは、それぞれもともとのインフレ率が異なることを反映しているにすぎない。日本のインフレ率は1980年代にはG7で最も低い2・5%だった。同じころ米国は5・4%、英国は6・4%。もともとインフレ傾向が違っていた。そしてどの国も並行的にインフレ率が下がってきた結果が現状だ。日本が小幅のマイナスインフレに陥ったのは、もともと低かった水準がさらに下がったからだ。

日本の物価がそうなった大きな理由の一つは終身雇用制度である。日本企業は雇用を優先する代わりに賃金を抑えてきた。国際的に見れば、日本が非常に低い失業率と抑制された賃金やインフレ率という組み合わせになっているのは、そのためだ。

欧米経済もやがて「日本化」してしまう？

B議員　欧米先進国の経済や金融政策の環境は、1990年代以降の日本の状況にどれくらい近いか。気をつけるべき警戒サインはあるか。

白川　私が懸念しているのは生産性の低下だ。アグレッシブな財政政策と組み合わせた金融緩和の長期化が、生産性の伸びを低下させてしまうことを心配している。金融緩和の効果は、明日の需要を今日のために借りることによって生じる。しかし明日は必ず今日になる。この戦略はショックが一時的なときには機能する。日本が過去20年以上経験したことも、他の先進国が過去10年以上経験したのも、そのような短期ショックではなかった。
もし金融緩和が長期化すれば、「前借り需要」は必然的に減ってくる。すると生産的な投資の比率も減ってくるだろう。最後にはいわゆるゾンビ企業が生き続けるようになり、生産性の伸びはますます引き下げられてしまう。私は（量的緩和の拡大によって生じる）中央銀行の巨大なバランスシートそのものが経済を刺激するとは信じていない。ただし量的緩和は金融システムを安定させる手段としては有効だ。

ここで白川が繰り返し警鐘を鳴らすのは、先進国の中央銀行がこぞって量的緩和を長期化させていた現状だった。超金融緩和は、コストをかけずに無尽蔵にお金を生み出す「錬金術」だと考える人が、政治家にも市場関係者にも増えている。しかし錬金術や「打ち出の小槌」は現実には存在しないのだ。

白川は、超金融緩和を続けることは結局「将来需要の前借り」に過ぎない、と言う。つまり金融政策は経済を底上げしたり、体質を改善させたりといった、実力を押し上げるものではないということだ。前借り需要はいずれ、将来需要の減少という形でツケを払わねばならない。要は、足もとの経済をてこ入れしようと金融緩和をやればやるほど、近い将来の経済の足を引っ張る結果になってしまうということだ。

財政政策についても同じことが言える。日本では1990年代、政府が経済対策として累計100兆円を超える財政出動を繰り返した。それでも経済停滞は続いた。これも前借り需要のツケ払いによる不況と言えるだろう。

こうして財政出動の効果が疑わしくなったことで、その後、リフレ論が台頭する素地になった。それが実行されたのが2013年からの異次元緩和である。こちらも金融緩和で前借りをいくら続けても、日本の消費や成長率、物価は期待されたようには上向かなかった。

こうした歴史と経験から浮かび上がるのは、財政や金融政策で「需要の前借り」を乱発しても、むしろ日本経済の長期不況を固定化させていないか、という仮説だ。白川はまさにその点を指摘したのである。日本経済を取材してきた私の実感も白川説に近い。

だが経済専門家たちがこの「前借り・ツケ払い」説を支持したかと言えば、そうではない。むしろ経済が上向かないと、「金融緩和や財政出動がまだまだ足りないからだ」という声が強まった。経済界でも、「異次元緩和をやらなければ、経済はもっとひどいことになっていた」という見方がいまでも多数派だ。「トコトン行けるところまで行け」派が多いから、日本のマクロ政策はいまも科学的な分析にもとづく修正ができない。

英貴族院の公聴会を聴くと、虚心坦懐に政策効果を疑い、問題点を探ろうという姿勢に感心する。議員たちは、現在のマクロ政策には何か重大な欠陥や大きな落とし穴があるのではないかと疑っているのだろう。それを解決するためのヒントをなんとか得たい、ならば経験と知見が豊かな前日銀総裁に話を聞こう、ということで白川公聴会が実現したようだ。

たとえば、次の質問はまさにそういう意図が明確だ。

C議員　日本で量的緩和の効果は出ていないようだ。日本での経験は他の先進国でも量的緩和は長期化しやすく、場合によって恒久化してしまうことを示唆しているか。

白川　あなたの見解は正しい。ジャパニフィケーション（日本化）という言葉を私は好きではない。だが、米国も欧州も多かれ少なかれ、日本がたどってきた経路を通っている。日本ではゼロ金利が22年、量的緩和が20年続いた。米欧も量的緩和の導入からすでに10年以上が経過している。

（注・2021年4月時点で）

協調という名の「錬金術」

貴族院議員の1人、元イングランド銀行総裁マーヴィン・キング（1948〜）の質問は、中央銀行総裁を経験した者同士ならではの、ともに同じ問題で悩み苦しんだ間柄であるということがにじんだ内容だった。「財政ファイナンス」についての問いである。

キング議員　マサアキ（白川のファーストネーム）、バーゼル（国際決済銀行での中央銀行総裁会議）で私たちが他の総裁たちと一緒に会っていたころ、中央銀行総裁と財務大臣との関係が課題だ、とよく話し合っていたね。あなたは量的緩和が日銀と財務省により大きな協調関係を要求するようになったと思うか。

白川　とても難しい質問だ。その質問が日本の財務省と日銀との事前の協調メカニズムのことを指しているとしたら、私はそのような概念にいくらか不安を感じているし、そんな協調が必要とは考えていない。私たちは日本経済の根本的な課題に向けて努力すべきだ。政府に必要なのは構造的課題に向けてさまざまな対策をもっと率直に実施していくことだ。

財政ファイナンスとは、財政資金を徴税によってではなく、中央銀行が紙幣（電子データも含む）を刷ってまかなうことを指す。歴史的にこのやり方は持続不可能だということがはっきりしているので、どの先進国でもタブーとしている手法だ。

だが安倍政権と黒田日銀は、事実上の財政ファイナンスに足を踏み入れた。日銀は金融政策の手段として大量の国債を市場から買い上げ、政府の財政はそれに大いに助けられている。おかげで政府はどれだけ財政が悪化して借金を積み上げても、国債利回りが急騰する心配がなくなった。これまで考えられていた以上に、政府は巨額の国債発行ができるようになった。新型コロナ感染対策で予算が急膨張した２０２０〜22年度の３年間の政府の新規国債発行額（借換債を除く）、つまり新たな借金は、なんと２９５兆円にのぼった。平時の国家予算３年分である。

世界最悪の日本政府の財政事情から言えば、このとてつもない規模の借金ができようはずもないのだが、いまも政府の債務残高は延々と膨らみ続けている。

この状態について黒田総裁は「国債購入は金融政策としておこなっている。財政のためではまったくない」という建前的な説明を続けている。

だが、どう言い繕おうと政府発行済み国債の5割超、580兆円を日銀が買い上げている現状は、日銀が日銀券を刷って国債を買い支えなければ政府財政がすぐに破綻してしまうことを示す。金融政策が財政への配慮を余儀なくされ、自由度を奪われて「財政支配」と呼ばれる状態になっている。

キングの質問は当然ながら、この惨状を踏まえたものだ。婉曲的ではあるが「日銀が金融政策の自由を奪われ、政府に隷属していないか」と問うていたのである。

白川の回答は、財政と金融政策に頼るのではなく、「日本経済の根本的な課題」の解決にこそエネルギーを注ぐべきだということだった。

根源的課題と言えば、人口減少、超高齢社会の到来、財政悪化、社会保障の劣化、日本経済の成長力の鈍化などであろう。こうした問題が山積しているのに、政府と日銀の取り組みは、それに挑むための協調でもなければ、一時的な危機を乗りきるための限定的協調でもない。なんとなく現状維持を続けるため、問題を先送りしていくための、恒久的な国債買い支えにすぎない。白川はキングの質問に答えるかたちで、そのような日本の現状に強い警鐘を鳴らしたのだろう。

英貴族院ではさらにさまざまなテーマで質問は続く。

「2%インフレ目標」は正しいのか

D議員　人口トレンドが低成長、低インフレに与えてきたインパクトは何か。日本では移民は少なく、生産年齢人口が減少しているが?

白川　人口動態の変化は日本の低成長のたいへん重要な要因だ。日本の経済成長率はG7で最低だが、生産年齢人口1人当たりの成長率で見ると最高水準だ。このギャップは日本の急速な高齢化による労働人口の縮小で説明できる。日本の生産年齢人口の減少は1996年に始まった。最初、その減少ペースはたいへん緩やかだった。しかし2010年代に入ると加速した。ピーク時には年1%も減少するような強い逆風となった。それにもかかわらずエコノミストたちの間で人気のある説はあいかわらずデフレに焦点を当てたものだった。

E議員　中央銀行がこれからも物価上昇率2％という数値目標をめざすのは正しいのか。

白川　私は2％目標を修正することは好まない。理由は、それが正しく神聖な数字だと信じているからでも、現在の緩和政策を続けていれば達成できるからでもない。正しい数値が何なのかを知らないからだ。

より詳しく言えば、私たちは金融政策を決めていく際にインフレ目標数値をどう扱うべきか、わかっていない。ダイナミック・プライシング（需給に応じて価格を柔軟に変動させる仕組み）や無料サービスが広がっている時代に、それぞれの品目の価格をどうやって識別できるだろうか。2％目標を正当化することは難しいが、1％目標や3％目標にだって同じことが言える。

それに、もし2〜3年といった短期間に特定のインフレ率を達成することに固執すると、経済や金融市場で何が起こっているのか全体像を把握できなくなり、長期的にはマクロ経済のより大きな不安定化につながるかもしれない。

F議員　あなたは中央銀行家が経済学者から得るアドバイスに批判的だが、（経済学の）標準マクロモデルは改訂の必要があるのか。（経済学者たちに）もっと謙虚になるべきだということを示唆したのか。

白川　あなたが言ったように経済学者や政策決定者は謙虚でなければならない。なぜなら私たちの知識は非常に限られているからだ。マクロ経済学は常にアップデートする必要があるし、教科書にはいくつかの章を追加しないといけないと思う。

英貴族院議員たちの質問はどれも当を得たものであり、どの議員も政策の意味、本質を探ろうという意欲にあふれていた。白川の答えも、近年の金融政策が陥っている「緩和の罠」について詳しく論じよう、わかりやすく答えようという思いに満ちた内容だった。1時間という限られた時間のなかで、オンライン上でおこなわれる公聴会という制約はあったが、濃密で示唆に富んだ審議だったと感じた。

日本では発言を控えめにしている白川がかなり率直な答弁をしていたのは、よその国の政策当事者から本音の意見を聞きたいという、英議員たちの意欲的な姿勢に共感したためだろう。質問者の中に、かつて中銀総裁ネットワークの戦友だった元イングランド銀行総裁キングがいたことも背中を押したのかもしれない。

公選制の英下院と異なり、英貴族院は非公選制の特殊な議会だ。ほとんどが世襲貴族や一代貴族ら、終身制の議員で構成されている。衆参両院とも公選制の日本の国会とは比較しにくいが、キングのように極めて政策に精通した議員も多く、英国議会のふところの深さを感じた。

非論理的で本質を語らなかった黒田会見

英公聴会での白川の説明と比較してもらうため、黒田東彦が日銀総裁としておこなった2023年3月28日の参院予算委員会での最後の答弁を紹介する。10年の総裁の仕事の総括を問われた黒田は、ざっと次のようなことを答えた。

就任時には15年の長きにわたるデフレに直面していた。就任後はその時々の経済状況の変化に応じて適切な金融政策をおこなってきた。その結果、物価が持続的に下落するという意味でのデフレではなくなった。2%目標を達成できなかったのは、人々の間に物価が上がらない、というノルム（規範）が残っていたためだ。大規模な緩和を続けてきたことは必要かつ適切な対応だった。

あれだけ異常な規模の金融緩和を10年もの長きにわたって続けながら、目標を達成できなかったことの客観的な分析もなければ、積み残したものをきちんと国民に報告しようという姿勢もない。まもなく任期を終えるので、さっさとデスクを片付けて仕事を終わらせます、と言わんばかりの答弁だった。

この国会答弁の半月前、黒田の最後の政策決定会合となった3月10日の記者会見での質疑の一部も紹介する。私の質問に対する黒田の答弁だ。

——この10年間で国債500兆円、ETF35兆円を日銀が買い上げたわけですが、これは明らかに大きな「負の遺産」として植田（和男）日銀に引き継がれます。何か反省のようなものはないのでしょうか。

黒田　何の反省もありませんし、負の遺産だとも思っておりません。

国会審議でも記者会見でも、黒田の答弁は決まり文句の繰り返しで、想定問答の域を出ることはほとんどない。質問に真摯に向き合い、論理的に、実証的に答えようという態度を見せたことはまずない。そして、批判的なニュアンスをふくんだ質問には、はっきりと不愉快な表情を見せる。ここに採り上げた私の最後の質問に対する答えもそうだった。

ふだん、そういうやりとりをしているから、英貴族院の公聴会の議論を私はたいへん羨ましく、新鮮な気持ちで聴いた。もちろん内容の濃密さは白川の深い洞察力と探求心による答弁あってのものではある。ただ、そのような率直な説明を引き出した英貴族院議員たちの問題意識の旺盛さ、奥深さには感じるものがあった。日本の記者会見、国会質疑でも大いに学ぶべきだと思う。

中央銀行は「今こそ変革の時」

白川は23年3月、国際通貨基金（ＩＭＦ）の季刊誌に「Time for Change」（今こそ変革の時）と題した論考を寄稿した。副題は「金融政策の基盤・枠組みを再考する時が来た」。異次元緩和を総括するのに非常に参考になる内容なので、一部を紹介したい。

ジャパニフィケーション（日本化）という言葉がある。一時、米欧の金融関係者の間で流行した。「ゼロインフレ、ゼロ金利、ゼロ成長」に陥った日本のようになってはいけない、だから早めに金融緩和が必要だ、という警句のようなものだった。

白川は、金利が下がり切る「ゼロ金利制約」に到達するのを避けるために米ＦＲＢなどが「果敢な金融緩和」を正当化してきたことについて、次のように疑問を投げかけた。

「日本は他のどの国よりずっと早くゼロ金利に到達した。これが政策上の深刻な制約であったのならば、日本の成長率はＧ７諸国よりも低かったはずだ。しかし、日本の１人当たりＧＤＰ成長率は２０００年（日銀の金利がゼロになり、非伝統的金融政策を開始した頃）から２０１２年（日銀のバランスシートが膨らみ始める直前）まで、Ｇ７平均と一致していた。日本の労働力人口１人当たりのＧＤＰの伸び率は同期間、Ｇ７のなかで最も高かった」

「２０１３年以降、日銀がバランスシートをＧＤＰ比30％から１２０％に拡大した時期に実施した『金融政策の大実験』もまた多くを物語る。これはインフレ面では、わずかな影響しか持たなかった。そして成長面でも、影響は控えめであった。日本だけでなく、２００８年以降、非伝統的政策を導入した他の多くの国でも同様だった」

その後、世界経済を取り巻く環境は激変した。地政学リスクの高まり、ポピュリズムの台頭、新型コロナウイルスの大流行によるグローバル供給網の混乱……。そこで世界の中銀はいまインフレと雇用のトレードオフに直面し、政策の巻き戻しは極めて困難になっているという。そこで白川は金融政策の「再考」のテーマを三つあげた。

第一は「デフレの危険性」や「ゼロ金利制約」に引き続き焦点を当てるべきかどうかだ。

いま引き締めをどこまで続けるかが検討されている米国では、一部のエコノミストから、インフレ目標の引き上げや、利下げ余地を拡大するために追加引き締めの度合いを和らげることを求める声があがっている。白川はこの見解に懐疑的な見方を示す。

「利下げ余地が拡大しても、金融の不均衡が債券によって煽られた資産バブルや金融危機として顕在化した場合、何の役にも立たない。中央銀行は、インフレや需給ギャップといったマクロ経済の動向だけに注目していてはならない。金融機関や金融市場で何が起きているかにも注意を払う必要がある」

第二のテーマは、なぜ中央銀行が金融緩和の長期化に追い込まれたのか、その原因と影響について考えなければならないということだ。白川はこう説明する。

「その好例が日本であり、急速な高齢化と人口減少などの構造要因による成長の停滞が、景気循環の谷として誤解されていた。その結果、何十年にもわたり金融緩和が続いた」

「金融緩和が10年以上という、より長い期間にわたって行われると、資源配分のゆがみによる生産性の伸びへの悪影響が深刻化する」

第三は、国ごとにインフレの動きや金融政策が異なるのは当然だ、ということだ。

「日本では消費者物価の上昇が加速しているが、他の先進国に比べてはるかに遅いペースだ。これは主に『長期雇用』のユニークな慣行によるものである。日本では特に大企業においで、上司が何としてでも解雇を避けようとする暗黙の了解があり、労働者が保護されている。よって企業は、将来の成長に強い自信がない限り、恒久的に賃金を引き上げることに慎重になる。これが低いインフレにつながる」

白川はさらに、世界の中央銀行の標準装備となったインフレ目標についても疑問を呈す。「グローバル化した経済においても、社会契約や経済的構造の違いは重要だ。これは、一つの数値をすべての国に適用するインフレーションターゲット戦略の論拠を揺るがす」「通貨のアンカーは、金融引き締めによってインフレを抑制し、最後の貸し手になるという中央銀行の確固たるコミットメントによってのみ確立することができるのであり、インフレ目標を設定するという単純な行為によって確立されるものではない」

短期決戦だったはずの異次元緩和は、いつしか10年の長期戦となってしまった。いまだ「出口」も見えない。黒田日銀は異次元緩和の「総括的検証」や「点検」を実施もしたが、常に政策の方向性は正しく、効果が出るまでに時間がかかっているだけだ、という手前みその分析を並べたものだった。もっと大局的で、政治意図を排した真の総括と政策の見直しが必要だ。

2023年4月に黒田を引き継いだ新総裁の植田和男は、過去25年間の日銀の緩和策を多角的に評価するレビューを実施する方針を打ち出した。そこでは白川の「今こそ変革の時」という提言を正面から受け止める必要がある。そして論理的に、より客観的に政策を評価し直し、今後の金融政策のありようと、日銀の政治への向き合い方を再考すべきだろう。

第2章

財政破綻、日銀破綻もありうるのか

日銀総裁に就いたばかりの黒田東彦が「黒田バズーカ」と囃された異次元緩和をぶち上げてから10年。昨今は予期せぬ資源エネルギー高に見舞われ、日本でも政府・日銀が目標としてきた2％インフレをはるかに超える3〜4％台の物価上昇率がもたらされた。

当然のことだが国民はこの輸入インフレをまったく歓迎していない。政府は世論の反発におびえ、物価高対策に巨額の予算を投じている。そのなかでひとり日銀だけが物価を上げるための異次元緩和をあいかわらず続けているのは、異様な光景と言ってもいい。

ほんの数年前まで経済界やマーケットから称賛され、多くの国民からも支持されていたアベノミクス。この異形の経済政策は日本経済を活気づける特効薬だったのか。はたまた、一時の覚醒を得るためだけのモルヒネか。その乱用と過剰摂取が日本経済の体力をそぎ、最後に破壊してしまうことはないのか。

藤巻健史◉異次元緩和の危うさを最も厳しく問うた

この問いに対し、最も悲観的な見通しをもっている経済専門家はおそらく藤巻健史だろう。かつて米モルガン銀行東京支店長の時代に「伝説のディーラー」と呼ばれたほどマーケットに精通した市場のプロフェッショナルであり、参院議員を務めていた際には安倍や黒田に異次元緩和の危うさを最も厳しく問い続けた人である。

●藤巻健史・フジマキ・ジャパン代表取締役

ふじまき・たけし　1950年生まれ。一橋大卒、米ノースウェスタン大ケロッグ経営大学院でMBA取得。三井信託銀行（現在は三井住友トラスト・ホールディングス）を経て、85年、米モルガン銀行（現在はJPモルガン・チェース銀行）入行。同銀の東京支店長兼在日代表に。東京屈指のディーラーとしての実績が評価され、同行会長から「伝説のディーラー」と称された。2000年には、ポンド危機などの相場戦で知られる著名投資家ジョージ・ソロス氏のアドバイザーにもなった。2013～19年に参院議員。『Xデイ到来　資産はこう守れ！』（幻冬舎）など著書多数。

――なぜ世界的インフレがなかなか収まらないのでしょうか。

藤巻　世界的なインフレはロシアによるウクライナ侵攻とか、新型コロナの感染拡大とかが理由だと誤解している人も多いが、基本的には世界中で異常な金融緩和が続けられ、市場でお金がジャブジャブになっていることがもたらしたものです。米国の中央銀行FRB（連邦準備制度理事会）はいま超金融緩和をやめて出口政策に向かっており、金融引き締めを急ごうとしています。しかし本当はもっとずっと早く着手しなければいけなかったのです。FRBは、1980年代後半の日本のバブル経済をもっと研究しておくべきでした。それができていなかったので、今回、金融引き締めがずいぶん遅れてしまったのです。

――日本のバブルの研究をしておけば対応は違ったものになったというのですか。

藤巻　日本では85～89年にお金が余っていたせいで土地や株などの資産価格が急騰しました。その資産効果がものすごい狂乱経済をもたらしました。当時の日銀総裁、澄田《すみた》智《さとし》（1916～2008）は後に「消費者物価ばかり見ていて、不動産価格などを見ていなかった」と反省しています。それこそ今の米国が教訓とすべきことです。米株価はいまも史上最高値圏にあります。いわば投資家全員がもうかっている状態です。そんなときの資産効果はものすごいものがあります。たとえば、バブル期の日本では、飛ぶように売れた高級車の名にあやかって「シーマ現象」と呼ばれる経済状態になりました。経済はものすごく回転していたのに、なぜか消費者物価は安定していたので金融引き締めが遅れたのです。

――バブル経済時の日本の消費者物価はどうして安定していたのでしょうか。

藤巻　毎年30～40円幅の円高ドル安が起きていたからです。それが輸入物価のデフレ要因となり、資産効果による強烈なインフレ圧力と相殺し合ったのです。しかし、いまの米国ではそれと比べるとドル相場がずっと安定しているので、当時の日本以上にインフレ圧力が強いはずです。しかも世界的な金融緩和、つまり中央銀行によるおカネの刷り過ぎで資産効果がものすごいことになっている。株が史上最高値で、地価も上がっている。そこにコロナ・ショックとウクライナ・ショックによる供給制約が発生したことが相まって、世界経済に強いインフレ圧力が加わっているのです。

――そのなかで急激な円安が進んでいるのはどうしてですか。

藤巻　いまの円安は3つの要因から起きています。第一に、経常収支の動き。貿易赤字が膨らみ、経常黒字額が大幅に減ってきています。第二に、日米金利差。米国で急激な利上げが始まり、マイナス金利にとどまったままの日本との間で金利差が広がっています。どちらも円安ドル高要因ですが、この二つがこれほどそろって起きたことはなく、初めてのことです。こんなにわかりやすいマーケット状況はありません。米国では史上最大の金融緩和がまだ正常化を終えていない段階で、40年ぶりのインフレが進んでいます。そんなものが本来両立するわけがありません。インフレが最大の問題になりつつあることもあり、金融引き締めはかなり進むでしょう。一方、日銀は異次元緩和を続ける姿勢を崩さない。必然的に円安が進むしかないと投資家は自信をもって円売りドル買いをするでしょう。基本的に今の円安はこの2大要因で進んでいます。

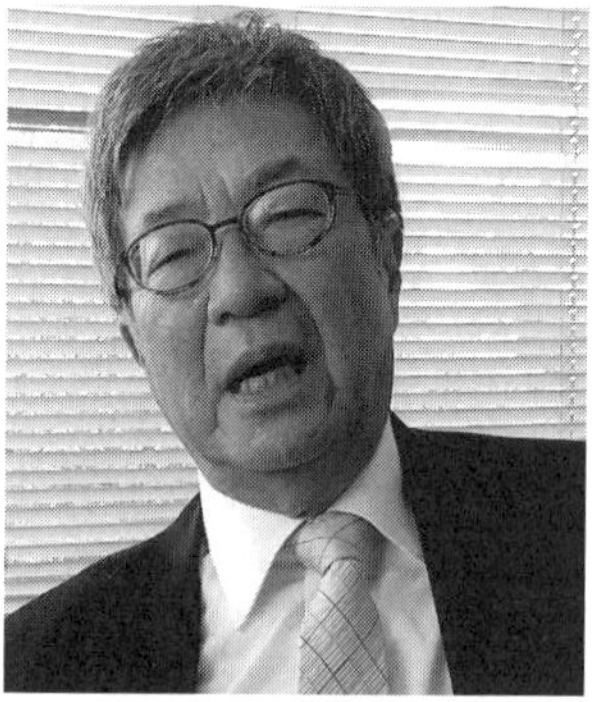
藤巻健史氏　撮影・原 真人

そして、もう一つ大きいのは米国の金融政策で22年6月から量的引き締めが始まることです。テーパリング（量的緩和の縮小）を21年11月から始めているので、たいして違ったことが起きないと勘違いしている人が多いが、まったくレベルが違います。テーパリングというのは、ゆるやかだけどまだ山を登っている状態です。しかし量的引き締めというのは、山を下りることです。ぜんぜん景色が違う。この3つで円安が進んでいるので、僕はものすごい円安になってしまうのではないかと思っています。

――この円安はどこまでいくと思いますか。

藤巻 僕はかなり行くと思っています。1ドルが400円、500円になってもおかしくない。1000円になったら日銀はもうつぶれてしまっているでしょうね。日銀が債務超過になったら紙幣は紙切れ、石ころと同じです。そうなれば1ドル＝1兆円でもおかしくない。天文学的数字になると思う。インフレというのはモノとおカネの需給関係で起きるものですが、ハイパーインフレというのはそれと異なり、中央銀行の信用失墜で起きるものです。インフレとハイパーインフレは経済的な意味がまったく違う。そして中央銀行の信用失墜の最たるものが債務超過です。

このインタビューをしたのは2022年4月だったが、その後の経済状況は藤巻がここで見立てたシナリオ通りにほぼ進んだ。

資源価格とエネルギー価格が高騰するなかで、2022年の日本の貿易赤字は19兆9713億円にのぼり過去最大となった。米欧の中央銀行による利上げも着々と進んでいる。米FRBは22年3月にゼロ金利を解除してから、翌年5月の政策決定会合まで10回連続で利上げし、政策金利を5・0〜5・25%とした。資産の圧縮（量的引き締め）もゆっくりとだが、予定通り進めている。これに対し日銀はマイナス金利を続けており、日米金利差は少しずつ拡大している。

この状況下で、円安ドル高は急速に進んだ。22年10月21日にはニューヨーク市場で一時1ドル＝151円90銭をつけた。バブル経済期以来、32年ぶりの円安水準である。

ところが、このあと局面がガラリと変わる。政府・日銀による大規模な為替介入がおこなわれたためだ。のちに政府が発表したところでは、この時期の1カ月間の介入額は6・3兆円にのぼった。異例の大規模介入によって、流れが一気に円高方向へと反転した。翌11月になると、円高のピッチが早まり、1日で7円も円高が進んだ日があった。結局、この月だけで9円超の円高が進み、137〜138円まで水準を戻したのである。

一見すると、藤巻が鳴らした警鐘は杞憂に終わったようにも見える。だが、そう単純には言えない。安心するには早すぎるだろう。ある政府関係者はのちに、私にこう打ち明けた。

「為替介入での海外ファンド勢との攻防は、本当に薄氷の戦いだった」

海外ファンドによって巨額の円売りを仕掛けられたのは、ある意味で当然だ。藤巻がとった思考法は、市場参加者であればほぼ同じようにとるからだ。市場は完全にその流れに乗りどこまで円安を進められるか、当局を試しているようなところがあった。政府・日銀はその売り圧力に対して、市場の予想を上回るほどの大規模な介入をした。市場の微妙な風向きの変化にうまく乗り、そのサプライズによってなんとかこの場をしのいだ。

だが先ほどの政府関係者は言う。「一つ間違えれば1ドルが200円を超えていてもおかしくなかった。それくらい市場の圧力が強かった」と。

政府・日銀の介入があれば簡単に海外ファンドの売り圧力などはね返せる、と言えるほど、通貨円をとりまく状況は盤石ではない。藤巻が警告する危機のマグマはあいかわらず消え失せてはいない。いまだ沸々とくすぶっている。

さて、インタビューに戻ろう。

日銀の債務超過が一番怖い

――どうも日銀は「債務超過になってもそれほどひどい事態にはならない」と楽観的に構えているようです。藤巻さんは参院議員時代にも国会で、日銀の債務超過の可能性について黒田総裁を追及していましたね。

藤巻　黒田総裁は「一時的にはそうなるかもしれないが……」と最後は嫌々答えていました。

——先日、ご長男の藤巻健太・衆院議員（維新）が藤巻さんの問題意識を引き継いで国会で黒田総裁に質問していました。

藤巻　黒田総裁はまた「一時的にはなるかもしれない」と答えていました。そして「日銀は通貨発行益があるから大丈夫」と言っていましたが、冗談じゃない。日銀にはこれから通貨発行益どころか、経常的な通貨発行損が出るはずです。

中央銀行が債務超過になっても大丈夫なのは三つのケースだけです。

1番目は債務超過が一時的である場合。2番目は金融システム救済のためであり、中央銀行自身のオペレーションがまともなこと。3番目は税金で中銀に資本投入ができる場合です。日銀は残念ながら一つも当てはまりません。

ちなみに政府の資本投入を前提に政策的に日銀財務を赤字にしてしまうのは、いわば予算行為です。それを前提に赤字になってもいいという政策はおかしい。予算行為というのは国会の承認でおこなうわけで、それを黒田総裁ら日銀の政策決定会合メンバー9人だけで決めるのはおかしいでしょう。

――債務超過になった海外の中央銀行も過去に、あることはあります。

藤巻　スイス国立銀行（ＳＮＢ）が債務超過になっても大丈夫だった例としてあげられます。ただ、ＳＮＢの場合は、２００９年以降に発生した欧州債務危機のとき、通貨スイスフランがユーロに対して強くなりすぎて、ユーロ圏からの逃避マネーが流入しやすくなっていたのに対する防衛という意味がありました。このためＳＮＢはスイスフランを売って、ユーロ債やユーロ建ての株を買っていたのです。しかしスイスフラン買いの圧力に抗しきれず、２０１５年に無制限介入による相場の上限防衛を放棄。スイスフランは急騰しました。抱え込んでいた大量のユーロ建て資産に巨額の為替差損が出ることになり、ＳＮＢは債務超過状態に陥りました。

ただこのケースはスイスフランの信認が強すぎるという問題なので、債務超過でスイスフランが弱くなればユーロ債やユーロ建て株の価格が上昇し、債務超過は解消されます。すなわち債務超過は一時的なものだとマーケットは認識していたのです。しかし日銀の場合は、円の信認が弱いなかでの債務超過となります。解消はできず、どんどん悪くなっていくしかありません。

——日銀が債務超過になったら、何が起きますか。

藤巻　海外の金融機関が日銀の当座預金を閉じて、日本市場から引き揚げるでしょう。そのことの重大さがあまり理解されていないようです。日銀の当座預金口座がなければ、日本市場では銀行の仕事ができません。すべての銀行間取引に必要な口座です。約束手形だって資金の動きは日銀当座預金を通じてのやりとりです。全部の金融取引が日銀当座預金を経由するわけです。

とくに重要なのは為替取引です。邦銀Aが米銀Bからドルを買うときには、米銀Bは米国の連邦銀行にあるみずからの当座預金から邦銀Aの口座へドルを移す代わりに、日銀にあるAの口座からBの口座に円を移してもらいます。

昔、私は勤めていた三井信託銀行を辞め、米モルガン銀行に移りました。そこで一番驚いたのは、「政府も中央銀行も、もしかするとつぶれるかもしれない」という前提で取引枠が設けられていたことです。邦銀では取引相手がG7の国だったら、国債取引でも中央銀行取引でも、取引金額に制限がなく青天井でした。しかしJPモルガンでは、この国とはここまでしか取引しちゃいけない、という制限がありました。

だから日銀が債務超過になったら、外国銀行は日銀との取引枠を減らしてくるでしょう。

邦銀はそんなことはやらないでしょうが、日銀が債務超過になり、改善の望みがなければ、外銀は日銀の当座預金口座を閉鎖するはずです。株主の監視の目が厳しい米系の金融機関はとくに厳格にやるでしょう。そうなったら日本企業はドルを買う手段がなくなります。日本で外国為替取引ができなくなってしまうことだって十分ありうる。そうなったら日本経済は干上がってしまいます。外資企業はみな撤退してしまうでしょう。国債や株式は投げ売り状態になります。

新しい日銀を作って再出発しかない

――そんなことになったら日本経済は立ち直れなくなってしまいます。

藤巻　いえ、そうとも言えません。日本経済にも、日本の市場にもまだまだ魅力があります。そのときは日銀をつぶして、健全財政の新しい中央銀行を作れば、外銀もまた戻ってくるでしょう。私はよく「日銀がつぶれてしまう」という表現をしますが、たしかに日銀は自分で紙幣を刷れますから、資金繰り倒産はしません。しかし信用を失った場合、通貨の信用も失墜しますので、その国の通貨の信用を回復するためには日銀を廃し、新しい中央銀行を作らざるを得ないのです。

――藤巻さんは国会でそのような問題意識を黒田総裁にもぶつけてきました。黒田総裁にそういう危機感はあるでしょうか。

藤巻　あります。彼は頭がいいからわかっているはずです。ビクビクしていると思う。それでも今のような政策を続けているのは確信犯だということです。自分の任期である2023年春までは逃げ切れるだろうと思ったのでしょう。しかし逃げ切れそうになくなりました。最近、健太が国会で「金利を1％上げたとき、日銀に500兆円の負債があれば、5兆円の金利支払いが生じる。日銀には1兆円しか収入がないのだから、すぐ赤字になるのでは？」と質問したら、黒田総裁は「日銀には負債もあるが資産もあるから大丈夫」と答えていました。まったく嘘八百です。資産のほうは固定金利だから満期が来て、新しい金利に置き換わった分しか収入は増えません。今もその資産の大部分が固定金利の長期債なのです。

――日銀がやっているのは政府財政を日銀が支える財政ファイナンスですね。ただ、これは米欧の中央銀行も国債買い入れである程度はやってきたのではないですか。

藤巻　米国もやっているから大丈夫というのは、ぜんぜん違います。米国のほうは規模がもっと小さいので、参考にはなりません。欧米の中央銀行は日銀がここまでやっても大丈夫だから、少し小規模にやってやろうと、かなり後ろからついてきただけです。日銀はいわば「炭鉱のカナリア」です。

日銀はすでに国債の発行残高の半分ほどを買っています。また1年間の新発債と借換債の発行額の合計140兆円のうち、日銀は一時8割近い110兆円を買っていました。FRBはリーマン・ショック直後に国債買い入れをすごく増やした時期もありますが、その後はせいぜい発行額の1割くらいのものです。財政への影響は日本に比べ、はるかに健全です。FRBはいま、当座預金金利(支払い利息)をどんどん上げていますが、保有資産のほうの受取利息が日銀と比べて段違いに多く、逆ざやにはなりません。

――日銀は「我々がやっているのは財政ファイナンスではない」と言い続けています。

藤巻　財政ファイナンスの定義は、日本銀行金融研究所が発行した『日本銀行の機能と業務』という本の金融政策の独立性について書いた章にちゃんと書いてあります。「中央銀行による政府への信用供与は、多くの国で法律により厳しく制限されている」と。国債の発行残高の半分を買っているというのは、まさにその「中央銀行による信用供与」もいいところではないですか。日銀がやってはいけないことなのです。

――そこを修正できなければ、円安はまだまだ止まらないということですね。

図２　財政ファイナンス

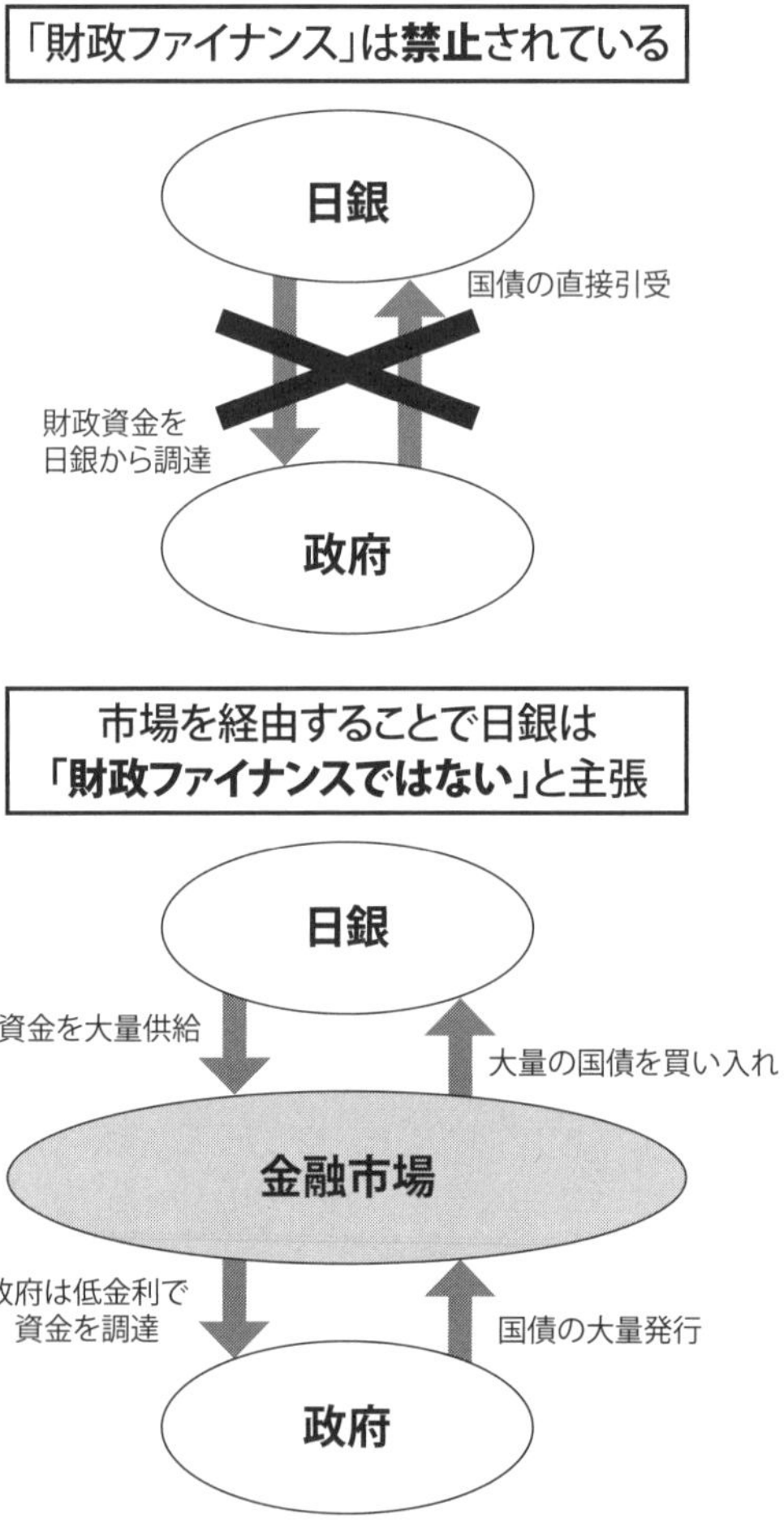
「財政ファイナンス」は禁止されている
日銀
国債の直接引受
財政資金を
日銀から調達
政府
市場を経由することで日銀は
「財政ファイナンスではない」と主張
日銀
資金を大量供給
大量の国債を買い入れ
金融市場
政府は低金利で
資金を調達
国債の大量発行
政府

藤巻　ＦＲＢはこれまで世界中でばらまいてきたドルを引き揚げ始めています。これからドルの争奪戦が始まるでしょう。日本では地方銀行の経営が危なくなってきます。日銀のせいです。購入資産の評価損が生じてしまう運用サイドの金利上昇（＝価格低下）は痛手です。

「財政ファイナンス」と、日銀総裁に就任する前の黒田東彦との接点について少々解説しておきたい。

政府がいくら借金してもまったく問題ないのだとバラマキ政策を求めるＭＭＴ（現代貨幣理論）論者たち。彼らがしばしば持ち出す論拠に「財務省も先進国の自国通貨建て国債のデフォルトは考えられないと言っている」（れいわ新選組代表の山本太郎）というのがある。

これは2002年4月、日本の不良債権問題がくすぶるなかで、外国格付け会社3社（米ムーディーズ、米S&P、英フィッチ）に対し、財務省が「黒田東彦財務官」の名前で送った抗議書簡のことを言っている。書簡にはこう書かれていた。

「日米など先進国の自国通貨建て国債のデフォルトは考えられない」

なぜなら「日本は世界最大の貯蓄超過国」であり、「国債はほとんど国内で極めて低金利で安定的に消化されている」からと言う。また「日本は世界最大の経常黒字国、債権国であり、外貨準備も世界最高」なので、格付けは財政状態のみならず経済のファンダメンタルズを考慮し、総合的に判断されるべきだ、と主張していた。

そのころ日本政府・財務省は、外国格付け各社による「格下げ圧力」に追い詰められていた。当時もし日本国債が「ダブルAマイナス」（最上位から4番目のランク）から「シングルA」（同5番目のランク）に引き下げられれば、日本国債を大量保有する国内銀行が自己資本比率規制の面から苦しくなり、大量発行している国債の消化に支障が出る恐れがあった。だから当時の財務省は「日本国債のリスクはきわめて小さい」ということを強調して事態を乗り切ろうとしたのだ。

それがのちのち仇となる。MMT論者たちはここ数年、財務省書簡を根拠に「だから政府債務の拡大は問題なし」という宣伝材料に使い始めた。いま財務官僚たちは「あのとき、苦し紛れにあんな意見書を出したのは明らかに失敗だった」と悔やむ。財務省のある現役幹部は「当時、あの書簡を出すことを主導したのは黒田財務官だった」と打ち明ける。

また、日銀のある現役幹部は「2000年代前半、財務省は日銀に対して『もっと国債を買ってくれ』とかなり言ってきた。その中心が黒田財務官だった」と話す。財務省の有力OBの話もそれを裏付ける。「黒田さんは財務官当時から『日銀は中長期金利もターゲットにすべきだ』と主張していた。日銀は、自分たちができるのは短期金利操作だけで中長期金利に手は出せないと言うが、それはおかしいと黒田さんは考えていた」

世界の中央銀行でも日銀しか導入しておらず、最も副作用や弊害が大きい政策「イールドカーブ・コントロール」(長短金利操作=YCC)。一連の経緯と証言から浮かび上がるのは、この異形の政策は、実は黒田自身が総裁に就任するかなり前から温めていた政策だったということだ。次の項ではこのYCCについて藤巻に聞く。

問題の根源はイールドカーブ・コントロール

藤巻　マイナス金利政策で銀行経営が悪化したとよく言われますが、違うと思います。実際にはマイナス金利が適用されているのは日銀当座預金のうち、ほんの一部です。日銀の異次元緩和で一番いけないのは、長期国債の爆買い、つまり量的質的金融緩和です。日銀が長期国債を買い始めると、長期金利が下がります。長短金利差、つまりイールドカーブがなくなり、利ざやで稼ぐ銀行の収益源がなくなってしまうわけです。これでは地銀はもうかりません。だから能力もないのに海外事業に次々と進出してしまったのです。

邦銀は円をドルに替えて運用しているのではなく、ドルで調達し、ドルで運用しています。レポ取引（債券を貸し出して現金を調達する取引）でドルを短期調達している地銀は、調達金利の上昇も、評価損を計上せざるを得なくなる運用サイドの長期金利上昇（＝価格低下）も痛手です。こういう事態を招いたのは日銀のせいです。地銀を海外に押し出す環境を作り、その地銀が米国の長短期金利上昇でおかしくなってきたのですから。

――黒田日銀は現在おこなっているＹＣＣをやめるつもりはないようです。

藤巻　日銀のＹＣＣはひとえに政府の財源調達を助けるための政策です。国会で「日銀が長期金利を引き下げて喜ぶ人は誰か？」と聞いたことがあります。住宅ローンはほとんどが変動金利なので、借り手のメリットはそれほどありません。社債が長期金利ですが、国民にかかわるほとんどの金利は長期金利とは連動していません。では、長期金利を下げて一番助かるのは誰かと言えば、政府です。この政策は財政破綻を延命させる策、借金体質を延命するための財政ファイナンスなのです。

黒田日銀がスタートした2013年に少しやったとしても、すぐに終了させておけば良かったものを、日本のお得意の危機先送りをしてしまいました。かつて破綻した大手銀行や大手証券会社がやっていた飛ばしのようなものです。そのうみが、かなりたまってしまっています。

――黒田総裁も急激に円安が進み始めて批判を浴びると、「極端に為替レートが動くのは困る」と説明するようになりました。

藤巻　「悪い円安」という言い方はおかしいと思います。為替というのは経済環境に合わせて、ものすごく動くべきものです。自国通貨が高いのと安いのと、どちらが悪いのかは経済のステージによって違います。僕が以前ずっと「円安がいい」と言っていたのは、自国通貨安というのは景気が悪いときに景気を良くする武器だからです。だからこそ「通貨戦争」とか、通貨安による「近隣窮乏化政策」という言葉が言われるわけです。

逆に通貨高がいいというケースもあります。それはインフレを防止したいときです。インフレ防止の最大の武器が通貨高。だから今のようにインフレに苦しむ米国にとってはドル高が望ましく、日本が（円買いの）為替介入をしたいと思っても許さないでしょう。

――日本にとっては今、円高と円安、どちらが望ましいのですか。

藤巻　このあと日本でもインフレが加速していくのなら円安を止めないと、とんでもないインフレになってしまう。今の円安放置は最悪だと僕は思います。だからと言って円安を止める手段はないと思っていますが。

為替介入については、このインタビューの半年後、日本政府が介入したので、見通しとは違う結果となった。ただ、２０２２年秋の円安のピッチはあまりに急すぎた。投資ファンドの円売り圧力も激しく、あのまま放置すると金融市場に不測の事態が起きかねない状況だった。米国政府もさすがに日本側の介入を容認するしかなかったのだろうか、批判的な反応は見られなかった。

ハイパーインフレは避けられない

――米欧の中央銀行の財務は健全なのですか。

藤巻　まだまだ余裕があるのがユーロ圏の中央銀行ＥＣＢ（欧州中央銀行）です。米ＦＲＢはまだ余裕はあるけれど、今よりもっとすごい勢いで金利を上げていくとなると、将来、債務超過になる可能性も出てくる。ただしまだ利上げできる余地はあります。

――それに対して日銀は？

藤巻　日銀は株（ＥＴＦ＝上場投資信託）も長期国債も大量に買ってきたので、財務体質が悪く、まったく余裕がありません。本来、中央銀行は通貨の信用を守ることが最も大切なことです。本当は、債務超過になる可能性を高めるような資産を買ってはいけなかったのです。白川方明・前総裁の時代も、日銀はＥＴＦや長期国債を少しは買いましたが、債務超過を心配するような大規模なものではありませんでした。他の中央銀行はもちろん金融政策目的で株なんか買っていません。危ないものを買わないＦＲＢやＥＣＢと、債務超過の可能性が出てくるものを買い進んでいった日銀とは、同じ金融緩和でも危なさのレベルがぜんぜん違うのです。日銀はすでに中央銀行の体をなしていません。いずれハイパーインフレになるのは不可避でしょう。

――将来のハイパーインフレは防げない、と？

藤巻　政府の借金がたまってしまったら増税で返すか、踏み倒すしかありません。あと戦争で他国の資産を強奪するというのがありますが、今の世の中では論外です。鎌倉時代や江戸時代は棄《き》捐令《えんれい》とか徳政令で踏み倒したのでしょうが、今はそうはいきません。棄捐令とか徳政令の代わりがハイパーインフレです。ハイパーインフレというのは、借金の実質価値を著しく小さくすることによる事実上の踏み倒し政策です。日本の政治経済状況から言っても大増税は不可能ですから、踏み倒ししか考えられません。

戦後すぐに起きたハイパーインフレの原因は、戦前・戦中におこなった財政ファイナンスでした。その財政ファイナンスに再び手を染めた以上、再びハイパーインフレになるのは不可避です。対応策は、通貨円を暴落させた日銀を廃して、新しい中央銀行で新たな通貨を発行するしか選択肢はないでしょう。

ここで「ハイパーインフレ」について説明しておこう。1年で数千倍、数万倍、ときには数億倍になるような激しい物価上昇のことを言う。

第1次世界大戦の後の1923年のドイツでは、月間2万9500%、2008年のジンバブエでは月間796億%上昇を記録した。専門家のあいだには「月間50%を超えるインフレ率」という定義もある。これは年率にすると1万%超になる。

経済学者カーメン・ラインハートとケネス・ロゴフによる大著『国家は破綻する――金融危機の800年』（日経BP、2011年）では年率1000%超の上昇をハイパーインフレと分類し、そこまで達しない物価上昇を「高インフレ」と呼んでいる。

戦後の1945年の日本のインフレ率は500%を上回っており、同書はこれも「ハイパーインフレとまではいかない高インフレ」と位置づける。ハイパーインフレにしても急激な高インフレにしても、国民生活が壊滅的な状況に追い込まれることに変わりはない。インタビューに戻ろう。

――どうしても別の中央銀行を新たに作り直さないといけないのですか。

藤巻　戦後のドイツもハイパーインフレを沈静化するために、旧中央銀行のライヒスバンクを廃止し、新中央銀行ブンデスバンクを創設しました。日本も同じように中央銀行を取り換える必要があります。いまの日銀のままでは本格的なインフレになったときに金融を引き締めたら債務超過になってしまうからです。

もう一つの方法は日本が昭和21年（1946年）に採ったものです。日銀のままだが、通貨だけを新しくする、という方法です。でも僕は、この方法は憲法違反ではないかと思う。円という私有財産の剝奪になるからです。だから新中銀方式しかないでしょう。通貨円は日銀の負債です。旧山一證券がお金を預かったまま破綻したら、それは私有財産の剝奪ではなく、単なる倒産会社の負債を処理する話です。日銀を廃するということは、日銀の負債である円を処理するという話なので、私有財産の剥奪には当たりません。

――お札を合法的に紙切れにするしかないということですか。

藤巻 そうです。私有財産権の剥奪と言われず、訴訟を起こされないためにです。中央銀行という組織は近代国家に絶対に必要なインフラなので、空白期間は許されません。

――そんな危ない状態だとマーケットの人たちにみなされたら、金融市場は円も株も国債もみな暴落です。

藤巻 だから新日銀の準備は秘密裏にやらないと危ない話です。いまは黒田総裁も強気を通すしかないんですよ。政府がインフレ対策をやっているのに、日銀は「(金融政策で対処する)インフレじゃない」と言い張り、インフレを加速させかねないのに指し値オペ(長期金利が一定範囲以上に動かないよう国債を無制限に買い入れる金融調節)までやり始めました。黒田総裁はいろんな理屈をつけるが、もしインフレなら日銀は日銀法で決められたように何かをやらないといけない。だからインフレだと認められない。苦しい状況です。物価が2倍、3倍になったとしても「このインフレは違う」と言い続けざるを得ない。

ドル買いで身を守るしかない?

――そのような危ない市場環境のときに、国民に自衛手段はあるのですか。

藤巻　今なら米ドルを買うしかないでしょうね。1923年にドイツで起きたハイパーインフレ（年率200億％超）のときのことを調べましたが、そのとき財産を失わずに済んだ人は、中立国に資金を逃がしていた人たちだったそうです。インフレに強かったのは農業などの実業をやっていた人。ダメだったのは公務員、政治家……。そういう歴史の経験を生かして備えるしかないですね。現代なら暗号資産も投資対象にはなりますが、ほんのちょっと買っておいてもいいですけれど、あまりにボラティリティー（資産価格の変動の激しさ）が高いですからね。

――藤巻さんは、黒田日銀が異次元緩和を始めた当初から批判を続けてきましたが、こうなることは予想していたのですか。

藤巻　日銀が財政ファイナンスをやったら、ハイパーインフレになってしまうことは歴史が証明しています。だから黒田さんが始めた量的緩和には大反対でした。非伝統的金融政策というのは実証もされていないし、非常に危ないと思っていました。僕の主張は「伝統的金融政策に固着しろ」というものです。伝統的政策というのは金利を上げ下げすることによる金融調節です。景気が悪かったら下げる。ゼロ金利でダメなら、マイナス金利にすればいい。これなら景気が良くなったときに、ちゃんと出口があります。金利を上げればいいのですから。

マイナス金利政策を預金にも課せば一時的に預金残高が減るので、預金者にとっては厳しい政策ですが、すぐに金利も戻せるでしょう。ダラダラと異次元緩和を続けている今の政策よりよほどいい。預金にマイナス金利をかけるのは技術的に難しいと言われますが、日銀デジタル通貨が実用化され導入されれば、簡単にできるようになるでしょう。

——日銀が破綻すると、日本の財政も破綻してしまうのではないですか。

藤巻　財政は破綻させずにやれるのではないかと思います。やり方を失敗すれば長期金利が上がり（国債価格が下がり）財政破綻してしまうでしょうが、うまくやれば日銀破綻だけで済ませることもできるのではないかと考えています。ハイパーインフレというのは、ある意味では究極の財政再建策ですからね。

——しかしハイパーインフレで「財政再建」するとなると、国家は生き残るけれど、国民生活は悲惨なことになってしまいませんか。

藤巻　そうです。日銀を取り換え、政府が究極の財政再建をするという展開では、国民生活は非常に苦しいものになります。でも残念ながら、財政赤字拡大を許してきてしまったツケが回ってくるということです。

――何とか止められないのでしょうか。

藤巻　もう無理でしょう。すでに日銀はルビコン川を渡ってしまいました。もう戻れません。渡っちゃった以上、もはや方策はありません。福井俊彦、白川方明の両総裁の時代の日銀がやった量的緩和の程度だったら、まだ引き返せる範囲でした。しかし、黒田日銀は大河を渡ってしまった。異次元緩和は「黒田バズーカ」などと言われて、もてはやされましたが、あれを撃った段階で終わりでした。すでに真の中央銀行はこの国にありません。インフレを抑えられない中銀では、中銀の体をなしていません。これからでもインフレを抑える手段があるなら、僕も教えてほしい。でも無理だと思います。

――以前、ある日銀幹部に「ハイパーインフレになったらどうするのか?」と聞いたら、「止められる。日銀は金利をどこまでも引き上げられるから」と言っていました。

藤巻　そんなことをしたら、政府は支払い金利の急増で予算を組めません。そして日銀自身が完全に債務超過になってしまいます。信用失墜です。外資系金融機関はみんな撤退してしまうでしょう。

――黒田日銀は「日銀は金融政策のことだけ考えていればいい。財政は政府の責任」

という、自分の庭先のことだけ考えていればいいという思考です。マクロ政策を司る組織としてずいぶん無責任ではないでしょうか。

藤巻　それで今のような事態を招いたのですから国民は地獄です。とはいえ、それで日本が全部つぶれてしまうわけではありません。新しい日銀と政府は立ち直ることもできます。もちろん犠牲は大きい。国民はとんでもない目にあわされてしまいますが……。

日銀にとってもリスクが跳ね返ってくる共通問題であるにもかかわらず、黒田日銀は「国債管理政策は財務省の仕事」と言って、国会でも記者会見でも一切質問にも答えないスタンスをとっていた。ただ、黒田も総裁就任当初はそうではなかった。

2015年2月に官邸で開かれた政府の経済財政諮問会議に出席した黒田は突然、「ここからはセンシティブな話なので、外に出ないように議事録から外してもらいたい」とオフレコの要請をする。そして次のように注意喚起を促した。

「欧州の一部銀行は日本国債を保有する比率を恒久的に引き下げることとした」

「格付けが下がるとどうしても外国の国債を持たなくなる」

「アナリストは日本の銀行がどれほど国債を持っているか、同じルールが適用されればどれほど資本が不足しているか言い立てるようになる」

「資本不足と言われるのを恐れ（銀行は）国債を手放してしまうかもしれない」

（日本経済新聞朝刊2015年4月15日）

前年の秋に安倍政権が消費増税の先送りを決め、それ以降、日本国債の格下げが相次いでいたころの出来事だった。黒田の懸念はもっともだった。とはいえ、黒田のこうした政権への具申は、この翌年に、長期政権をめざして2回目の消費増税延期に踏み切ることになる安倍政権にとってはあまり有り難くない提言だった可能性がある。

「戦力の逐次投入はしない」と言っていた日銀はこの15年秋に追加緩和をするのだが、このときも翌年の消費増税をバックアップする催促緩和だと一部から受け取られたことで、官邸が機嫌を損ねたという見方もあった。いずれにしてもこの頃から黒田はまったく財政についても、国債管理政策のあり方についても語らなくなった。

藤巻のインタビューに戻る。

「あとは野となれ山となれ」政策

――なんとか今後の増税で、たとえば金持ち課税のような形で財政再建を図れませんか。

藤巻　無理ですね。できるとしたら消費税の増税しかありません。少なくとも消費税率を現在の10%から40~50%に引き上げないといけないでしょう。他の税を考えても、所得税では低所得者まで大増税しないと税収額を大きく増やせないので政治的に難しいし、金融課税を重くしすぎると株価が大きく下落してしまう危険があります。それでは世界から投資資金が日本市場に集まらなくなってしまいます。

――今後、ヘッジファンドが「日本売り」を仕掛けてくるようなことはありえますか。

藤巻　仕掛けてくるでしょうね。円売りはどこかで仕掛けてくるだろうし、国債だって危ない。日銀が指し値オペで国債相場を守っていますが、これなどはまさにソロスが英国にポンド売りを仕掛けたときの構図と似ています。ソロスはポンドが下値に張り付いていたときに激しく売り浴びせました。その時点では仮にポンドが値を上げたって、損は少しで済みそうだったし、下がったら大もうけできるというタイミングでした。そして、英国との市場での闘いに勝ちました。

今の日本もそれと同じような状況で、もしここで日本国債売りを仕掛けて長期金利が上昇（国債価格が下落）すれば大もうけ、長期金利が下がっても損はほんの少しでとどまる、という状況です。ソロスが英当局と闘ったときと同じコンセプトで売り浴びせを狙っている投資家もいるんじゃないでしょうか。

藤巻の予測通り、このインタビューから半年ほど経った2022年秋には、海外投資ファンドが日本国債売りや円売りを仕掛けてきた。円は政府の為替介入が入って何とか円安から反転させたものの、日銀が10年物金利に張った上限0・25％の「防衛線」はその後も何度となく突破を試みられた。結局、日銀はこの年12月、長期金利の防衛線を上限0・5％まで後退せざるをえなくなった。

――この状況をもたらした大本は何かと言えば、アベノミクスですね。

藤巻　もちろんそうです。黒田日銀の異次元緩和はアベノミクスの「3本の矢」の第1の矢であり中心です。

――アベノミクスとは何だったのでしょうか。日本をどう変えたのでしょうか。

藤巻　アベノミクスはいわば、「あとは野となれ山となれ」政策です。別の言い方をすれば、「ジリ貧を脱しようとしてドカ貧になる」政策でしょう。黒田日銀が市場にお金をじゃぶじゃぶになるまで投じたとき、僕は国会質問で（安倍首相や黒田総裁に）こう言いました。「市場をお金でじゃぶじゃぶにすれば、景気が良くなるのは当たり前。でも、その後の弊害が恐いから誰もやらなかった」と。

リターンとコストのバランスを考えれば、コストの方が大きい。だからこれまで誰もやらなかった。それを本当にやっちゃうのか、というのが最初の率直な感想でした。そういう意味で、ジリ貧を脱しようとしてドカ貧になる、と言ったのです。コストが大きいことは最初からわかっていた。つまり「アリとキリギリス」のキリギリスのような政策でした。今日さえ良ければいい、という話です。

――それなのに経済界、とりわけ輸出型製造業の経営者たちはいまだに「あの政策は正解だった」と評価しています。「当時の行き過ぎた円高を是正してくれた」という理由です。その意味では、アベノミクスの歴史的評価は10年近く経っても、まだ定まっていないのかもしれませんね。

藤巻　そうですね。白川前総裁が以前、「（超金融緩和は）出口を出られて初めて評価ができる」と言っていました。その通りです。ハイパーインフレも何も起こさず、平和に出口を出ることができたならアベノミクスは成功です。でも、もしこれからとんでもないことが起きたら、やはりとんでもない政策だったということになります。いまはまだ途中経過の段階です。とはいえ僕自身の結論は出ています。とんでもない政策です。いずれハイパーインフレが起きて、国民は悲惨な目にあうだろうと見ています。

（インタビューは2022年5月、オンライン版「論座」に掲載）

黒田もそうだったが、日銀組織全体はある時点から、財政問題とはっきり距離を置くようになった。21年秋に私が取材した日銀幹部がこう言った。

「きのう立憲民主党の枝野幸男代表が記者会見で消費税率引き下げ案を発表した時、記者から財源を尋ねられ、『国債に決まっているじゃないですか』と言っていた。とんでもない話だ」

私が「そういう風潮にしたのは日銀ではないですか」と指摘すると、この幹部は「それは知らないよ」とにべもなかった。そしてこう言うのだ。

「我々は金融政策をやっているだけで、財政政策はあちら（政府や国会）の話。借金が増えるから金融政策を変えろというのはおかしい。そういう国会議員とそれを選ぶ国民に責任がある。僕らは金融政策を淡々とやるだけだ」

日銀は完全に独善状態に陥っているように私には思えた。

中曽宏◉金融危機は、また来るか

藤巻が語った日本経済の近未来は、おそらく経済専門家のなかでも突出して悲観的だろう。では、藤巻の予測はありえないかと言えば、それは違う。当局者のなかには同じように日本経済が悲観的なシナリオに向かうのではないかと恐れている幹部たちが、実は少なくない。そのことを私はこの10年の取材のなかで実感している。

だが当局者からその種のメッセージが出てくることはほとんどない。彼らが「危ない」と言った瞬間に財政や通貨の信用秩序は崩壊しかねない。だから「真実」を公の場で言うことはできないと考えているのだ。

とはいえ、当局者からも抑制的に警鐘が鳴らされることはある。2022年におこなった中曽宏のインタビューはその一つだ。黒田日銀の執行部にいながら異次元緩和には慎重な考えを持ち、ときには日銀内部で数少ないブレーキ役も果たしてきた元日銀副総裁である。

●中曽宏・元日本銀行副総裁

なかそ・ひろし　1978年、日本銀行入行。ジュネーブの国際決済銀行（BIS）出向や金融市場局長、理事（国際関係統括）などを経て、黒田日銀1期目の2013〜18年に副総裁を務めた。1990年代後半の日本の金融危機やリーマン・ショックの際、日銀で現場の指揮や国際交渉にあたった危機対応のプロ。国際人脈も広い。現在は、大和総研理事長。著書に『最後の防衛線　危機と日本銀行』（日本経済新聞出版社）。

日本の金融がメルトダウンに近かった日

――リーマン、ギリシャ、コロナ、ウクライナ。今世紀に入ってからだけでも世界経済を揺さぶるような危機が数年に1度起きています。そのたびに各国の政府・中央銀行は大規模な対策で何とかしのいできました。しかしグローバル化に伴って金融危機も巨大化しています。今後も市場の暴力を抑え込んでいけますか。

中曽　各国の金融当局は過去に、市場に内在する危機増幅のメカニズムを過小評価していたと思います。バブルの大きさや不良債権の規模の見立てについてもそうでした。日本の1990年代の金融危機で私たちは当初、潜在不良債権は約10兆円と見ていました。しかし実際は100兆円超でした。さらに預金を取り扱う金融機関の破綻だけが脅威とも考えていましたが、実際に何度も危機で猛威を振るったのはノンバンクを含めた金融システムの機能不全でした。その結果起きた市場の混乱と、実体経済の悪化が織りなす「負の相乗効果」も我々の想定を超えたものでした。

――その経験をした後はどうですか。

中曽　もちろん教訓は生かされています。各国の中央銀行や国際通貨基金（IMF）などの国際機関は金融システム全体のリスクを早く察知できるように、今では分析報告書を定期的に公表しています。コロナ禍のもとでは、その教訓を踏まえて緊急資金支援が大規模に迅速に発動されました。だから市場の極端な動揺を抑えられたし、リーマン・ショック（世界金融危機）の時より経済の回復が早かったのです。

――これまで対峙してきた金融危機で、対応が最も困難だったのはどの危機ですか。

中曽　日本の金融危機です。とくに1997年秋からの1年間です。97年の「暗黒の11月」には、山一證券や北海道拓殖銀行など4金融機関が相次ぎ破綻し、信用不安が瞬く間に全国に広がって心底恐怖を感じました。日本の金融システムが最もメルトダウンに近かったときだと思います。

当時の当局や金融機関では、異常事態への対応続きで心が折れたように自ら命を絶った方たちもいました。一方で金融機関は破綻に瀕したとしても営業を続けなければなりません。危機下の日本の金融機関は、まるで沈んでいく船で最後まで持ち場を離れない乗組員のように、職員たちが統率を失わずに業務を続けました。これは驚くべきことです。彼ら彼女らの高い職業倫理がなければ、危機の混乱はもっとひどいものになっていたはずです。そうした努力、失われた犠牲は決して忘れてはいけません。

――それほどひどい金融危機がこれからも起きるのでしょうか。

中曽　いつどんな形で起きるのかわかりません。だから備えが必要です。

――どんな備えが必要ですか。

中曽　さまざまな制度の安全網は整えましたが、その時、大事なのはそれを動かす人間です。

――何が求められると？

中曽　第一に、危機の予兆はいつも見逃されがちです。だから悪いニュースほどいち早く見つけて、それを組織で共有しておかないといけません。

第二に、最悪の事態を想定しておくことです。結果的に何も起きずにオオカミ少年扱いされたとしても、本当に危機が起きるよりはずっといい。

第三には、強い使命感とチームプレーでしょうか。マニュアルや研修も大事ですが、何よりテクノクラート（専門的な知識を身につけた担当者）として持ち場の実務能力を磨くことが重要です。実務は地味で退屈なことが多いのですが、実際に危機が起きた際には、必ずその巧拙が決定的な意味合いを持ちます。

中銀による救済が当然になってはダメ

――もちろん危機を鎮圧することは必要です。ただ、そのたびに手厚い財政出動や金融緩和を繰り返すことで、かえって次の危機のマグマをため込むことになっていませんか。

中曽　危機の際に「最後の貸し手」となるのは中央銀行の伝統的な役割です。時を経て、その役割が拡大してきたのは事実です。以前なら資金繰りに困った個別行に自国通貨建てで一時的に流動性を支援すればよかった。しかし何度もの危機を経て、支援対象はノンバンクにも広がりました。時には市場全体にも流動性を供給します。しかも円だけでなく、ドルまで供給することもあります。これを繰り返すうちに、市場参加者はだんだんそれを前提に行動するようになります。いわゆる中央銀行プット（市場が混乱すると中銀が救済してくれること）への期待です。これが当たり前になってはいけません。

——中央銀行による超金融緩和も、そうですね。

中曽　先進国の中銀は量的緩和やマイナス金利政策、長短金利操作など非伝統的と言われる未到の領域を奥へ奥へと進んできました。日銀はその先駆者とも言えます。それが世界経済を下支えし、回復を後押ししてきたのは間違いありません。ただ同時に、どこまでが金融政策で対処可能で、どこから先が対応できないか、という効果と限界も示しました。

いよいよ欧米の中銀が利上げで金融政策の正常化にかじを切っているいま、日本でも蓄積されたリス

中曽 宏氏　撮影・朝日新聞社

クに目を向けなければいけません。

——日銀の国債保有額が膨れあがっている現状も深刻です。

中曽　日銀が買い入れた国債の保有残高は、政府発行残高のほぼ半分と非常に大きいです。その影響で経済情勢に応じて価格が変動する市場機能が働いていません。これを回復させなければなりません。日銀が正常化に乗り出せるのはしばらく先でしょうが、世の中が落ち着いたら緊急モードを脱し、物価と金融システムの安定をめざす通常の日銀の仕事に戻るべきです。それまでは正常化で先行する米国の経験をよく学び、出口戦略を研究しておくことが大事です。

——日銀の国債買い支えで何とか成り立っている国家財政では、とても持続可能とは言えません。

中曽　近年、程度の差こそあれ、多くの先進国で巨額の財政支出を国債発行でまかなって、それを中銀が金融市場で買うという、財政と金融の一体的運営が行われてきました。これは危機克服と経済回復に有効なポリシーミックス（政策融合）だったとは思います。ただ同時に、いずれそのコストが生じることも考えておかなければいけません。フリーランチ（ただ飯）はないのです。

――それはいずれ国民が負担することになるのですか。

中曽　そうです。日本でも今後物価の上昇圧力がさらに増せば、日銀は国民から嫌がられてもどこかで利上げしなければいけなくなります。金融機関が日銀に預けている当座預金の利息を引き上げることになり、日銀にとっては支出が増え、収益が減少します。その分だけ政府への国庫納付金が減り、政府収入も減ります。最終的にはこれを増税、あるいは歳出削減で穴埋めしなければいけません。たとえそうせずにインフレを放置したとしても、国民は物価上昇を通じて結局は負担することになります。

――こんなに財政が悪化しているのに、（2022年7月の）参院選では全野党が消費税の廃止か引き下げを主張しました。これほど日銀の財政ファイナンスにどっぷり依存している状況を変えられるでしょうか。

中曽　いま日銀は国債買い入れだけでなく、民間企業債務などの買い入れにも踏み込んでいます。一時的に痛みをなくし、危機を乗り切るためのカンフル剤としては有効でした。本来ならその間に成長力の強化など、日本経済の治癒のためにやるべきことがありましたが、残念ながら成果は十分ではありません。

（異次元緩和の根拠となった）2013年の政府・日銀の共同声明には「持続可能な財政構

造の確立」という目的が盛り込まれています。これがいまだ成し遂げられていません。その趣旨に沿った経済運営がいまこそ必要です。

（インタビューは2022年9月、朝日新聞に掲載）

黒田日銀の執行部にみずから身を置いていた中曽が、日銀を離れたとはいえ、異次元緩和批判をすることはなかなか難しい。黒田とともに政策を進めてきた共同責任もあるし、身内の批判が日銀組織の信用を失墜させてはいけないという気持ちも、本人には強い。

ただ実際には中曽は、黒田や金融政策の企画担当理事だった雨宮正佳（その後、中曽の後任副総裁に就任）、企画局長の内田真一（その後、企画担当理事を経て、2023年3月から副総裁）ら異次元緩和の推進ラインとは一線を画してきた。量的・質的緩和やマイナス金利、YCCなどの非伝統的政策に対しては常に慎重論をぶつけ、やり過ぎないようにブレーキ役を果たしてきた。

このインタビューで中曽は異次元緩和が「どこまでが金融政策で対処可能で、どこから先が対応できないか、という効果と限界も示した」と認めた。だから「蓄積されたリスクに目を向けなければいけない」とも述べている。本人の立場で話せるギリギリの表現で、異次元緩和の出口戦略を求めたものだと、私は受け止めた。

石弘光◉平成は「財政不健全化の時代」だった

平成の30年余で財政は一貫して悪化した。なぜそうなったか？

私たち朝日新聞取材班は平成の終わりに、財政健全化にかかわったキーマンに、その原因が何だったと考えているか、取材してみようという企画案を練った。真っ先に取材候補として名前が浮かんだのは、日本を代表する財政学者であり、長く政府税制調査会長を務め、増税実現のためのプレーヤーとしてもひときわ存在感を放った石弘光だった。

２０１８年春、久しぶりに会った石は、以前と変わらぬエネルギッシュな語り口だった。膵臓がんを患い、闘病生活をしながら言論活動を続けていた。病身でもじっとしていられない様子だった。日本の財政の将来が心配でならなかったのだろう。

石が税調会長だったのは消費増税を封印していた小泉政権時代だ。そういう政権のもとでも「二桁（10％以上）の消費税が必要」と、持論を隠さず主張し続けた硬骨の学者だった。第1次安倍政権の2006年には、財務省から会長留任を望まれながら、「増税派」として安倍首相から煙たがられ、結局、会長を外された。

インタビューで会ったときも、その硬骨ぶりは健在だった。日本の財政再建は「もはや不可能」と率直に語った。甘い見通しでお茶をにごしながら財政の実情に向き合わない安倍政権への痛烈な叱責だった。以下は、そのときの石の渾身の訴えである。

●石弘光・元政府税調会長

いし・ひろみつ　1937〜2018年。一橋大経済学部卒。同大学院を経てその後、一橋大教授、一橋大学長、放送大学長などを歴任。2000〜06年には政府税制調査会会長を務めた。専門は財政学。『消費税の政治経済学――税制と政治のはざまで』(日本経済新聞出版社)、『増税時代――われわれは、どう向き合うべきか』(ちくま新書)など財政について多数の著書があるほか、『末期がんでも元気に生きる』(ブックマン社)などの著書もある。

――平成の30年間の財政政策をどう振り返りますか。

石　平成という時代は、財政不健全化の繰り返しでした。あるいは官民を挙げて財政健全化を避けた時代とも言えます。平成を振り返って思うのは、政治家は景気が良くなっても、増えた税収を使い切ろうとすることです。景気が悪い時の財政出動は理解できますが、景気が良くなれば歳出を削減して、財政の健全化を図るのがあるべき姿です。

しかし、歴代の政権は、好不況による歳出の調整ができませんでした。今や財政について議論されることもないくらい（財政赤字と政府債務の）問題が放置されています。このままでは財政再建を果たすのは不可能でしょう。

――それでも財政再建を実現するには何が必要でしょうか。

石　もし再建できるとすれば、条件が二つあります。第一の条件は「断固やるべきだ」と首相が本気になって、政権をかけて自分のテーマにできるかどうかです。ただ、現実にはこれまでそんな政権は存在しませんでした。

もう一つの財政再建のための条件は、長期金利の上昇や国債格付けの引き下げなど、市場からの「外圧」がかかることです。そうなれば、時の政権は必死になって再建に取り組まざるをえません。いずれかの条件が満たされない限り財政再建の機運は生まれないと思います。

――「外圧」はいつ、どのようにかかってくると思いますか。

石 弘光氏　撮影・朝日新聞社

石　それは誰にもわかりません。私は「財政が危ない」と何度も警告を発してきたので「オオカミ少年」と批判されるかもしれませんが、２０１７年末の国の借金残高は１０８５兆円で過去最大を更新しました。日本の財政は火薬庫の上に乗っているような危うい状態が続いているのです。

――石さんが最低限必要だと訴え続けた消費税率10％への増税を、安倍政権は2回延期しました。

石　高齢化が進み、社会保障にかかる費用が増える中で財政再建を図るには、消費税を中心とした増税は避けて通れません。欧州各国では日本の消費税にあたる「付加価値税」の税率が20％前後あります。日本だって本来は同じくらいの消費税が必要なはずです。しかし福祉の水準を守るために欧州では可能だった増税が、日本では実現できませんでした。

――アベノミクスの影響は？

石　「アベノミクス」を打ち出した安倍政権は、高めの成長を見積もり、それによる税収増を期待して財政を再建しようという安易な道を選ぼうとしています。経済成長させるから増税しなくていい、という「リフレ派」「上げ潮派」と呼ばれる人たちの主張に魅力を感じる国民も残念ながら少なくありません。

――財政健全化に熱心な政治家が非常に少ないことも深刻な問題です。

石　財政問題について、これまで政治家は国民と真正面から向き合ってこなかったし、国民も増税の覚悟ができませんでした。その結果、財政赤字がどんどん積み上がっていったのだと思います。

ノーベル賞を受賞した米国の経済学者、ジェームズ・マギル・ブキャナン（1919～2013）は「現代の民主主義政治では、政治家は人気取りのために公共事業などのばらまき政策に力を注ぐ。国民も本来なら必要な税負担から目をそらしがちになる。だからケインジアン（ケインズ学派）による政策は財政悪化に至るのだ」と説きました。かつてブキャナンがそう見通した世界が現実に広がっているのが、今の日本ではないでしょうか。

（インタビューは2018年6月にWEBRONZAに掲載）

財政破綻しないと考える財政学者はいない

財政悪化の一途をたどるこの国の未来を憂い、最期まで警鐘を鳴らし続けた孤高の財政学者・石弘光は、このインタビューが掲載された2カ月後に亡くなった。

石の財政健全化の遺志を継ぐ経済学者の1人はこう断言する。

「いま、まともな財政学者で日本の財政が破綻しないと考えている者はおそらく1人もいないと思う」

いまの日本は、破局の崖に向かって猛スピードで走る高速列車のようなものだ。安倍政権はまともな提言、本音の警告をする政治家や官僚、有識者を次々と排除していった。その結果、乗員や乗客に危険を知らせる警報装置がどんどん失われてきた。石のような声を大にして財政悪化の怖さを訴え続けた学者を失ったことは、国民全員にとって大きな損失だった。

石は学者として発言するだけでなく、政府の審議会や幅広い言論活動を通じて積極的に政治を動かそうと行動する人だった。政府税調会長としての記者会見は、いわば取材する記者たちにとって「石学校」だった。石から財政の何たるかを学んだ経済記者も多い。

ただ、税調会長の在任期間の多くを消費増税を封印した小泉純一郎政権のもとで費やしたのは不幸だった。居心地がよい状況ではなかったはずだ。

その後も厳しい立場に立たされた。2005年夏には所得税の控除見直しを求め、「サラリーマン増税をあおる税調」という批判を世論からも政治からも浴びた。2006年には第1次安倍政権が、石会長を再任する財務省案を拒んだ。

思えば、税制の「あるべき論」を世に問い、政治がなかなか言えない増税案のたたき台を示すという政府税調の真の役割が果たせなくなったのは、この時だったかもしれない。その後の政府税調は、政権の顔色をうかがいながら無難な報告書をまとめるか、まったく無視される報告書を作るか、という存在になってしまった。

石はその後も持論を積極的に世に問うた。凄みがいっそう増したのは亡くなる前年に末期がんを公表してからだろう。その後の言論活動はいわば国民への「遺言」のようなものだ。

日本政府の借金が1000兆円を超え、GDP比の政府債務残高は2倍をはるかに上回って世界で最悪レベルになった。こうなった原因は何か。どこが転機だったのか。財政再建はまだ可能なのか——。

朝日新聞取材班がこれらの問いをアンケートで回答してもらった有識者10人中、ひとり石だけが「このままでは財政再建は不可能」と最も悲観的な回答をしてきた。

石はインタビュー掲載後、がんが再発し、緊急入院した。その後、一時退院したときに、記事掲載のお礼メールが私に届いた。私信であり本来は公開すべきものではない。ただこれこそ石が最期に国民に伝えたかった心の叫びだと考え、あえて紹介したい。未曽有の大借金を積み上げながら、消費増税を2回も延期した安倍政権に対する痛烈な言葉だ。

「がんが暴れ出しました。緩和ケア病棟に再入院するつもりです。暴挙続く安倍政権の批判を続けたかったのですが、この身体ではもはや何もできません。残念です。お元気で」

「平成は財政不健全化の時代」と石が言う意味が、政府債務の対GDP比の推移グラフを見れば一目瞭然だ。世界最悪の200%をはるかに上回る域に突き抜けていく上昇曲線が見て取れる。その軌跡は戦前から敗戦時にかけての曲線と驚くほど似ている。

戦前の政府債務の膨張の帰結は、敗戦時に政府が実施した預金封鎖や新円切り替え、財産税や戦時特別補償税といった負担増であり、さらに物価が何倍にも跳ね上がる高インフレだった。要は、日本政府は国民から富を収奪することで政府債務をチャラにし、国民は生活地獄に陥ったのだ。戦後日本は国民生活の犠牲の上に身軽になって出直したのである。

ＭＭＴ論者たちの言う「政府がいくら借金を積み上げようと財政破綻はしない」というのは、ある意味では間違っていないのかもしれない。ただし、それは国民生活がどうなってもいい、という前提つきだ。政府は国民の富を収奪することで生きながらえられる。しかし、そのとき国民生活が守られる保証はまったくない。それが歴史の教訓である。

健全化への覚悟を問うた矢野論文

このままでは日本の財政は必ず破綻する、という石弘光の強烈な危機意識を受け継いだ財務官僚の1人が前財務次官、矢野康治（1962〜）だ。矢野は次官時代、財務省執務室の自分のデスクの後ろに、財政健全化のために尽くしてきた功労者3人の遺影を飾り、自らを鼓舞していた。3人とは元財務相の与謝野馨（1938〜2017）、元財務次官の香川俊介（1956〜2015）、そして石弘光だった。

その矢野の月刊誌「文藝春秋」（2021年11月号）への寄稿が政界で物議を醸した。こんな書き出しだった。

「最近のバラマキ合戦のような政策論を聞いていて、やむにやまれぬ大和魂か、もうじっと黙っているわけにはいかない、ここで言うべきことをいわねば卑怯でさえあると思います」

矢野は日本の財政を北大西洋で氷山に衝突して沈没した豪華客船にたとえて、こう書いた。
「あえて今の日本の状況を喩えれば、タイタニック号が氷山に向かって突進しているようなものです。氷山（債務）はすでに巨大なのに、この山をさらに大きくしながら航海を続けているのです。タイタニック号は衝突直前まで氷山の存在に気づきませんでしたが、日本は債務の山の存在にはずいぶん前から気づいています。ただ、霧に包まれているせいで、いつ目の前に現れるかがわからない。そのため衝突を回避しようとする緊張感が緩んでいるのです」

雑誌発売の時期がたまたま解散・総選挙と重なったため、矢野論文は政治的にも反響を呼んだ。ニュースに採り上げられ、各党代表が集まる討論会では必ず質問に盛り込まれた。

矢野論文への政財界の主な反応は次のようなものだった。

岸田文雄首相「いろんな議論があっていいと思うが、いったん方向が決まったなら、関係者にはしっかりと協力してもらわなければならない」

鈴木俊一財務相「財政健全化に向けた一般的な政策論を述べたもの。手続き面も問題ない。政府の考えに反するようなものでもない。財政健全化はとても大切なものだと思っている」

高市早苗・自民党政調会長 「大変失礼な言い方だ。基礎的な財政収支にこだわって本当に困っている方を助けない。子供たちに投資しない。これほどばかげた話はない」

山口那津男・公明党代表 「財政を維持する観点からの一つの見識を示したもの。政治は国民の生活や要望を受け止めて合意を作り出す立場だ」

十倉雅和・経団連会長 「財政規律は堅持しなければいけないが、今は財政出動が求められている局面だと思う」

これらの反応は矢野が示した「健全財政」という座標軸に対し、それぞれどのような立ち位置をとっているか、財政健全化に及び腰なのかそうでないのかを、浮かび上がらせた。

「矢野論文」で安倍との10時間論争

矢野に最も批判的だったのが元首相の安倍晋三だった。安倍に近い高市から発せられた激しい矢野批判は、いわば安倍の心情を代弁したものだ。安倍は一時、矢野の更迭を求める構えさえ見せていたという。

矢野論文が掲載されたあと、安倍は保守系雑誌の対談記事に登場し、矢野論文について、「内容も間違っているし、事前に説明もなかった」と批判した。そして経済成長すれば国債が増えても債務残高対GDP比は悪化しない、と主張した。

矢野はこれを読んで、安倍に「説明にあがりたい」と申し入れた。仲立ちしたのは矢野とかねて親交があり、しかも安倍に近い元防衛相の稲田朋美だ。

21年12月、都内の高級和食店でランチの会が開かれた。矢野は財政の危機的状況を説明した。1時間ほどの会で矢野は「経済成長すれば国債が増えても債務残高対GDP比が悪化しない、というのは間違いだ」と説明した。安倍は強く反論したものの、改めて議論の場を設けようと、この場は収まった。

年が明け、安倍は約束どおり矢野と会う機会を設けた。それも都内にある安倍の秘密のマンションに矢野を招いての夕食会だ。安倍、稲田、矢野の3人に、リフレ派で安倍の経済ブレーンの元スイス大使、本田悦朗が加わった。テイクアウトで安倍が用意したピザをつまみながら4人で計3回、各回3時間ずつ延々と議論を続けた。

最初のランチ会を入れると、安倍は2カ月ほどの間に矢野との論争に10時間もの時間をさき、矢野の説明に耳も傾けた。ただ、それでも積極財政が必要だという考えは最後まで変わらなかったという。

　矢野論文について、掲載後、財務省内には「よく言ってくれた」と支持する若い官僚たちもいたが、「政権や自民党からかえってにらまれる」と迷惑がった幹部たちもいた。実際、政界から、とりわけ自民党安倍派から予想どおり強い反発が出てくると、省内には「かえって予算編成がやりにくくなった」とこぼす声が増えた。

　この状況をみれば、財務官僚のトップにいる矢野が笛を吹けど、部下たちは踊らず、勇ましい進軍ラッパは空回りに終わった観もある。

　では矢野論文は無意味だったのか。私はそうではないと思っている。財政や金融政策によってこれだけ巨額のバラマキがおこなわれていることに対し、「こんな極端なことをやっていて大丈夫なのか」と薄々不安を感じていた国民は少なくなかったはずだが、やはり危うい橋を渡っているのだということを知らしめる効果はあったのではないか。

　安倍政権以降、財政健全化を訴える石弘光のような鬼気迫った直言居士の学者は見当たらなくなった。財務省もアベノミクスの制約のもとで、財政健全化について表立って声を上げにくくなった。安倍政権や菅政権で官僚を覆っていた「物言えば唇寒し」のムードは、国家財政の財布のひもを握り、「最強官庁」と呼ばれてきた財務省も例外ではなかった。

これでは、財政の危機的状況がふつうの生活者に届くはずがない。

だからこそ、現役の財務次官が財政の現状を「タイタニック号」と言ったことは、多くの国民にとって衝撃的だっただろう。ぼんやりと抱いていた財政への不信。それが一気に焦点を結び、財政について真の座標軸が浮かび上がったのではないか。

少なくとも、いつ氷山に衝突してもおかしくない客船の上で、パーティーにうつつを抜かしている場合ではない。少なからぬ人にそう身構えさせる意味はあっただろう。そう信じたい。

第3章

成長幻想も経済大国の誇りも、もういらない

佐伯啓思は政治、経済を中心に評論活動をおこなっている社会思想家であり、有力な保守論客でもある。以前、ＴＰＰ（環太平洋経済連携協定）の是非をめぐって、ＴＰＰ反対論の佐伯に対し、私がＴＰＰ賛成の立場で論争を挑むという形のインタビューをしたことがあった。そのときはお互いの主張は異なったものの、大きな日本経済のありようについての問題意識には重なり合うものが多いと感じた覚えがある。

その後、世界は米国と中国の激しい経済対立、コロナ危機、ウクライナ戦争などが起きて、ある意味では佐伯がグローバリズムの未来に悲観的な見通しを示した通りに動いてしまったように思える。

佐伯啓思◉アベノミクスをなぜ見放さないか

今回は安倍晋三政権について、外交・安全保障も含めて「近年これだけ仕事をした政権はない」と一定の評価をしている佐伯に、アベノミクスに批判的な立場の私がいくつかの切り口から疑問点を指摘し、論争形式でインタビューを進めた。

グローバリズムや資本主義の歴史的な文脈のなかでアベノミクスはどう位置づけられるのか。経済大国だった日本が抱えてきた成長幻想を復古しようとするアベノミクスを、成長至上主義に批判的な佐伯はなぜ見放さないのか。思うところを存分に語ってもらおう。

●佐伯啓思・京都大名誉教授

さえき・けいし　1949年、奈良県生まれ。思想家。東京大経済学部卒、東京大大学院経済学研究科博士課程単位取得。滋賀大教授、京都大大学院教授などを歴任。現在は京都大名誉教授、京都大・人と社会の未来研究院特任教授。著作でサントリー学芸賞、東畑記念賞、読売論壇賞などを受賞。朝日新聞に不定期にコラム「異論のススメ　スペシャル」を寄稿している。『さらば、欲望――資本主義の隘路をどう脱出するか』（幻冬舎新書）、『近代の虚妄　現代文明論序説』（東洋経済新報社）など著書多数。

――10年前、TPPについてインタビューさせていただきました。私は今もTPPは、やってよかったのではないかと思っていますが、そのときに佐伯さんが「グローバリズムの行き過ぎ」と指摘した問題意識については、昨今の国際情勢を見て、より強く共感するようになりました。19世紀後半から20世紀初頭にかけての第一次グローバリズムのあと、世界が二つの大戦に至ってしまった時代の空気と似たものが昨今、漂っていませんか。

佐伯　第2次大戦前の状況と現代との類似性は経済学者カール・ポランニー（オーストリア、1886〜1964）が著書『大転換』で述べていることが参考になります。当時のすべての問題は自由放任的で自己調整的な市場を作り上げてしまったことによるのだ、と。いまでいう市場主義です。これによって格差や失業が生まれ、さまざまな社会的問題が起きるようになりました。

それを解決するために三つのシステムができあがりました。社会主義、ファシズム、米国ルーズベルト政権による公共政策（ニューディール政策）です。いいか悪いかは別にして、ファシズムを生みだしたのは本質的には自由競争市場が自立するという考え方、市場が自動的に自己調整的にシステムを作り出すという考え方です。それが社会を痛めつけることになる、そこに問題の源泉がある、とポランニーは指摘しました。これはその後もずっと続く問題で、最近のウクライナ危機の前提でもあります。

――社会に漂う不穏な空気もどこか戦前に似てきています。安倍晋三・元首相の殺害事件がまさにそうです。

佐伯　不穏さ、ですね。戦争前に似ていると言う人も多い。だけど僕はやはり状況は少し違うと思う。戦争前夜とまでは思わない。戦前は、日本は国内の矛盾が引き金になって海外に軍事進出しました。今日、それはまず考えられません。それよりむしろ逆に、戦前の危機感のような強い政治的信条でテロを起こすだけの、政治的な強さがあるのかどうかと思うのです。

――貧困や格差、自分が恵まれていないことの不条理への反発、行きどころがないという不安。そういうことを感じる人たちが世の中に増えているのは確かです。これは大変まずい状況ではないでしょうか。

佐伯啓思氏　撮影・朝日新聞社

佐伯　もちろんそうです。僕がちょっと違うと言ったのは、こういうことです。戦前は日本全体が閉塞感のなかに追い込まれ、そのなかでテロが起きました。そして、そういう社会不安を背景に、日本は大陸に侵攻していった。しかし、いま日本が侵略戦争を起こす可能性などゼロです。逆に日本が攻撃されるる可能性の方があります。ただそうなれば、それに対して国内からたいへんな反発が出るでしょう。政府は何をしてるんだ、と。そういう意味で不穏な状態であるのはまちがいありません。とはいえ、それは戦前のような日本からの侵略ではないでしょう。

それから安倍元首相殺害事件の特徴は、安倍さんを狙った犯人の政治的意図は皆無なのに、結局は標的が安倍さんにいってしまったという点にあって、非常に妙なことでした。もちろん、後になって旧統一教会と自民党議員のつながりが論議されますが、それが山上徹也容疑者の認識でも目的でもなかった。本来の目的と関係がないのに、妙なところにスライドして狙いが政界トップにまで行ってしまった。この奇妙さの方が何か不気味な印象を与えます。しかも、彼は判断能力の欠如した人物どころか、きわめて周到に準備している。この辻褄の合わなさの方が現代的な居心地の悪さを感じさせます。

〝失敗だと断定できない〟アベノミクス

――佐伯さんは、現代は「世界中が資本主義化している」と指摘しています。その権化のような思想が「アベノミクス」だったのではないですか。マネー中心であり、カネさえばらまけばうまくいく、という考え方です。

佐伯　それはむしろアベノミクスに対する過大評価でしょう。資本主義を定義すれば、基本的にはお金を運用し、資本を拡大して新たなフロンティアをひらくことです。戦後の先進国はずっとそうです。冷戦後のグローバリズムで一気に世界の流れとなりました。しかもそれは、ただの資本主義ではありません。国家資本主義です。国家が主導し、戦略にもとづいてお金の流れを誘導し、財政・金融政策を進める。世界という大きなマーケットが生まれ、それを誰が奪うかという非常に激しい競争が1980年代の米レーガン政権時代から始まりました。90年代にはブッシュ（父）政権、クリントン政権が日本に構造改革や市場開放を要求してきました。これだって米国が国家資本主義によって、米国のマーケットを日本にまで拡大しようとした試みです。

――ブッシュ（父）大統領が自動車大手の米ビッグ3のトップを引き連れて来日し、日本に米国製品を輸入するよう求めてきたこともありました。

佐伯　日本進出した米玩具小売りチェーン「トイザらス」の店にまで視察に行きました。当時、米国は「日本は国家が産業政策で経済に介入している」と批判してきましたが、米国は大統領と一緒にビッグ3トップがやって来たわけです。米国は自由競争を主張しながらも実際には明らかに国家資本主義です。国家戦略的経済と言ってもよいでしょう。クリントン政権は米国が世界市場を押さえるために金融革命とＩＴ革命に乗り出しました。そのためにワシントン、シリコンバレー、ウォール街を結びつけたのです。これに成功し、金融と情報をつなげ、さらに金融工学を駆使しました。情報と金融の分野は完全に限界費用逓減の世界なので、米国はこの分野で優位にたてば、世界市場を押さえることができました。

そのとき日本はと言えば、政府は何もやっていません。「構造改革をやれ。市場競争に委ねよ」と号令を掛けただけで、何の国家戦略も持たなかった。第1次安倍政権のあと、安倍さんに尋ねたことがあります。「小泉内閣のときには米国も欧州も中国も国家戦略があったが、日本に国家戦略はあったのか」と。すると安倍さんは「まったくなかった。失敗だった」と言っていました。日本だけが「政府は何もするな、民間にまかせろ、政府は規制を撤廃すればよい」というやり方でした。その後、リーマン・ショックが起きて、米国ではもっと大規模に政府がカネをばらまくようになった。日本ではその後、東日本大震災が起きましたが、民主党政権は経済政策ではほとんど見るべきものはありません。

そして第2次安倍政権は、基本的に、しかも大規模に米国の真似をしたと言ってよいでしょう。米国からのサジェスチョン（示唆）があったのだと思います。政権発足後2年ほど経ったとき、ポール・クルーグマン（1953〜）やジョセフ・スティグリッツ（1943〜）といったノーベル経済学賞を受賞した米国の経済学者たちを官邸に呼んだでしょう。なぜ日本の経済政策の立案に対してわざわざ米国の経済学者を招くのか、と思いました。まあ、日本の経済学者の大半は、米国の受け売りですから仕方ないのかもしれません。でもこれが実態です。米国の経済学者の考え方を、安倍さんは全面的に受け入れたのです。

黒田東彦・日本銀行総裁は米国通で、世界の経済思想もよく知っていますから「これしかない」と考えたのでしょう。しかもグローバリズムのもとでは世界経済が繋がっているので、日本だけ独自の道をゆくといっても、その独自が何か誰にもわかりません。それだけのことです。しかし、政治はあくまで相対的なものでアベノミクスにも一定の評価はすべきだと思います。批判はいくらでもできますが、では他にどのような政策がありえたのか。あの程度でも、それまでと比べれば、かなり経済のムードを変えました。

——いや、やらない方がマシだったのではないですか。安倍政権によって財政は悪化しました。先の参院選では全野党が消費税廃止か消費税率引き下げを求めるような風潮を作ったのも安倍政権です。米FRBのバーナンキ元議長は、議長就任前には政府に「ヘリコプターマネーをばらまけ」と言っていましたが、自分が議長のときにそこまでやりませんでした。量的金融緩和はやりましたが、出口政策も考慮した、あるていど抑制の利いたものでした。しかし日本にはその後も「大胆にやれ」と言っていた。これでは日本市場を実験場扱いしたようなものです。それを真に受けたアベノミクスは日本に無責任さを蔓延させ、政治を壊してしまったのではないですか。

佐伯　僕は、ほとんどあなたと結論は同じです。それを前提に、いくつか流れを確認しておきましょうか。アベノミクスがうまくいったかどうかは非常に難しい問題です。うまくいったという評価も、うまくいかなかったという評価も両方できる。はっきりしているのは当初見込みより、うまくいっていないことは明白です。

株価が上がったのが成果と言えば成果で、株価を上げて資産所得を増加させて経済を引っ張ろうと考えたのでしょう。しかし資産効果はたいしたことがなく所得は増えませんでした。株価上昇も、米国に比べたら、たいしたことはありません。

一方、雇用状況は良くなりました。デフレはいちおう脱却できています。いま起きているインフレは米欧ほどひどくはない。その点では成果がなかったとは言えません。しかし実体経済はよくなっていません。所得格差も開いています。その点ではマイナスは大きいです。つまり成功とはとても言えないが、失敗と断定するのも難しいという中途半端な結果です。

一番の問題はアベノミクスのいわゆる第3の矢、成長戦略だと思います。結局、戦略的に成長経済を作ることはできなかった。実際、今日、いかなるイノベーション（技術革新）をやったって、日本経済は容易に成長できる状況にはありません。最近はAI（人工知能）やら、量子コンピューターやロボットやら、自動運転やら新しい技術が出てきた。そして宇宙開発。これらが米中の国家間競争の潮流になった。それを無視できないと思います。

第3の矢というのは、経済成長を可能とするためにはイノベーションが不可欠だという考えです。すると、現実を考えれば、軍事まで含めた技術革新競争に乗らざるを得ない。それがうまくいかなかった。まして経済成長にも結びつかなかった。一方、第1の矢（大胆な金融緩和）と第2の矢（機動的な財政出動）は良かったかどうかはわかりませんが、安倍政権としてはやらないという選択肢はなかったのだろうと思います。

矛盾する「第1の矢」と「第2の矢」

――アベノミクスをやらなかったとしても、そして異次元緩和をやらなくても、おそらく世界景気の波に乗って日本の景気は良くなっていたはずです。雇用だって、人口動態などさまざまな要因で上昇基調に乗るべくして乗った面がある。安倍政権は単にその波に乗った、ツイてる政権だったのではないですか。

佐伯　リーマン・ショックで落ち込んだ景気が次第に良くなった、東日本大震災で痛んだ経済が次第に回復した、という流れはありました。ただそれらの回復も一段落つけば、また景気は水平状態に戻ったかもしれない。震災の復興効果が3年くらいだとみるなら、その後も経済を引っ張ったのはアベノミクスの効果と言えないこともない。

——もちろんそういう可能性も否定しません。ただ、たとえばアベノミクスで正規雇用が増えた、求人倍率が増えた、と成果が強調されていますが、日本全体の労働時間はさほど増えていません。それも含めた総合指標とも言うべき国内総生産（ＧＤＰ）もそれほど伸びませんでした。そのなかで雇用数が増えたというのは、ワークシェアリングが進んだだけ、ということです。夫が働き、妻は専業主婦という家族形態が、夫婦二人で働く共働きが主流になった。それはそれで良い変化かもしれません。ただ、これをもって「アベノミクスの成果」というのは単純化しすぎた説明です。日本の実質賃金の水準はいまや、先進国のなかで下位群に甘んじ、経済状態が悪いイタリアやギリシャに次ぐ悪さです。

佐伯　たしかにそういう意味では、さしたる成果も出ていないのでしょう。成長率もあがっていない。つまり、実体経済はさしてよくなっていない。ただ、その根本的な原因が安倍さんの政策的失敗かどうかは断定できません。僕はもっと構造的な原因だと思っています。

第一に人口減少。第二に、あまりに急激にグローバリズムのなかに飛び込んでしまったこと。日本企業はそれに対応できる体制が整っていなかったにもかかわらず、一気にグローバル競争に巻き込まれてしまった。大企業はともかく、中小企業はコスト競争で賃金を上げる余地がなかった。第三は構造改革です。構造改革の発想は、「需要はいくらでもある」という前提に基づいています。行政規制や古い慣行など、供給側に制限がかかっているから成長できない、だから供給側の制限を外せばいい、という考え方です。だけど、実際には需要そのものがないのです。所得が発生しないから需要がない。消費意欲がない。そんなときに供給側で競争をやれば、当然デフレになりますよ。

安倍さんはそのデフレ構造を変えようとしたが、アベノミクスでも変えることができなかった。問題はもっと根本的で、冷戦以降の日本の経済思想と経済政策にある。僕はそうとらえています。もともとアベノミクスの第1の矢（金融緩和）と第2の矢（財政出動）は思想的にも矛盾しています。第1の矢は思想的には新自由主義です。第2の矢はケインズ主義だから経済観が違う。新自由主義からすれば、ケインズ主義をやっても何の意味もない。ケインズ主義者からみれば、新自由主義的に市場でお金をばらまいても金融市場に流れるだけで、実体経済の回復にはならない。

もしもうまくいけば、ケインズ主義で景気が良くなり、新自由主義的な修正マネタリズムで物価が上がって、両方合わせると万々歳です。うまくいかないと、物価は上がらないでお金は金融市場でバブルを起こすだけ。しかもケインズ主義でも景気は上向かない。どちらに転ぶか。僕は結局、両方が相殺されて何も起こらないだろうと見ていました。

——その予測どおり、経済の好循環につながるようなことは何も起こりませんでした。でも無害だったわけではありません。第1の矢と第2の矢が結びついて「財政ファイナンス」（中央銀行が紙幣を刷って財政資金をまかなうこと）がおこなわれました。「保守」とは、できるだけ国家を持続可能にする、子々孫々まで安定した社会を築く、という思想です。その要諦は財政であり、安全保障です。安全保障だっておカネの裏付けがなければ何もできない。その視点から評価し直せば、安倍元首相は本当の保守政治家だったのか疑問です。

佐伯　財政ファイナンスの問題が起きたことはわかります。ただ、米国も基本的に同じことをやったわけでしょう？　ケインズ主義をそのままやればクラウディングアウト（政府の国債大量発行が民間の資金調達を圧迫すること）が起きて、公共部門は大きくなるが、その分、民間部門は小さくなって全体としては効果がなくなってしまう。それに対してケインズ派のある人たちは、それなら中央銀行が直接ファイナンスしちゃえばいいじゃないか、借金でやればいいじゃないか、と主張した。これも昔からある主張です。

ただ、それはなんとなく危険だろう、無限には続かないだろう、歯止めはあるのか、という反論があった。だから、インフレになればやめるべきだということになっている。しかも本来は政府と中央銀行は一体ではない。中央銀行には政治的な中立性が必要で、物価安定が任務ですから、景気回復のために使うことは、本当はおかしい。ただケインズ政策の有効性を全面的に押し出せば、そういうやり方もないわけではない。

安倍晋三は首相のとき、「世界の大国にふさわしい責任」といった言い回しを好んで使った。大国という言葉をこれほど頻繁に使った日本の首相はいなかったのではないか。

日本が西ドイツを抜いて西側世界第2位の経済大国に躍り出てから半世紀。中国に

図3　アベノミクスを経て「豊かさ」が後退

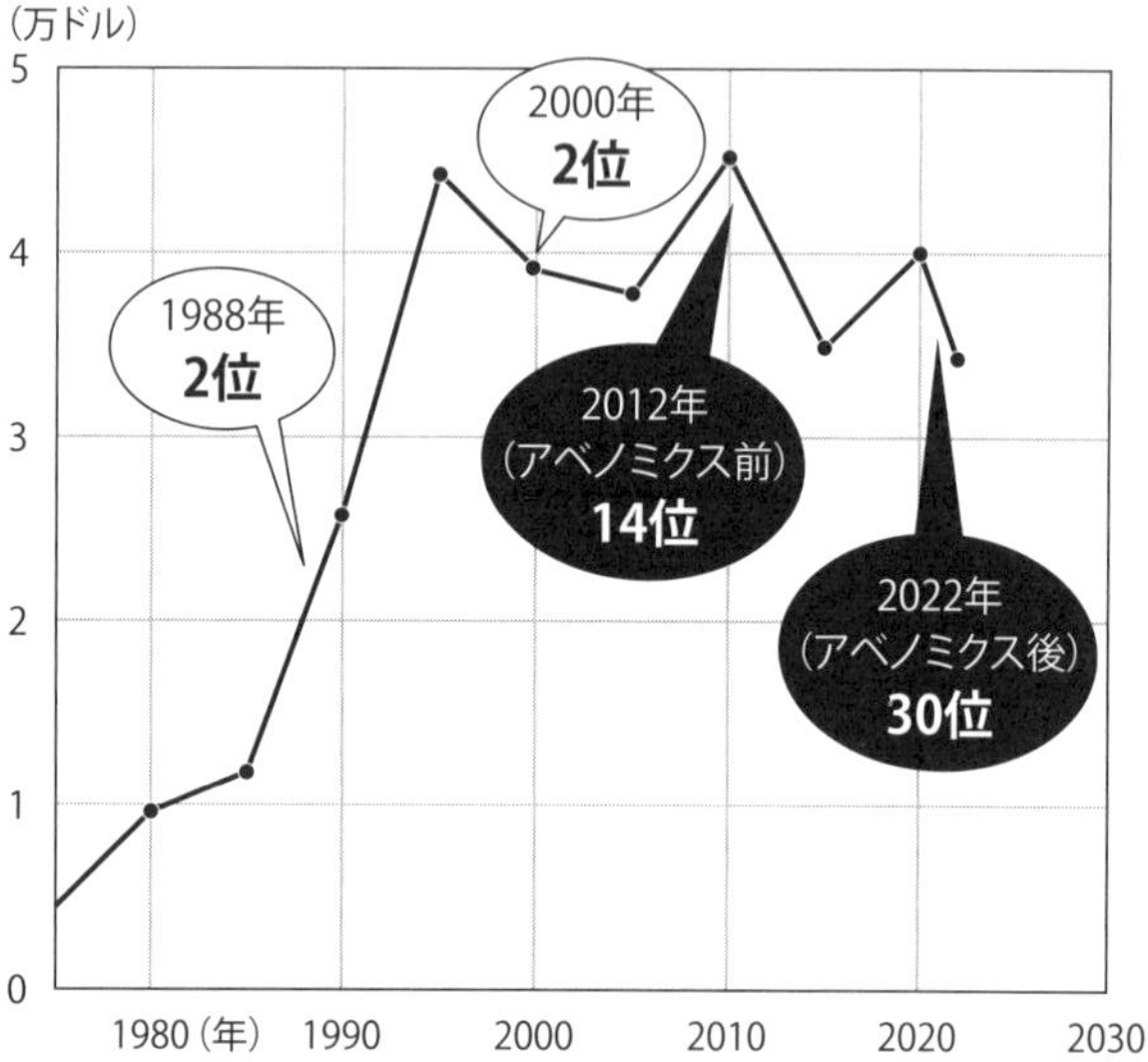

1人当たり名目GDP(ドル)の推移と世界順位
出典：国際通貨基金(IMF)

は抜かれたが、国内総生産（GDP）の規模では現在（2022年）も3位だ。ただし国民の豊かさを表す1人当たりGDPは30位（同年）とさえない。

「大国」をことさら強調するのも実際は中身が伴わなくなってきたからだろう。

新型コロナウイルス対策をめぐっても、安倍は「空前絶後、世界最大」という形容詞をよく使った。2020年4月、コロナが急速に拡大し、対策の第1弾をまとめた際に、官邸の安倍側近は「とにかくリーマン・ショック時の対策を上回る規模の案をもってこい」と各省庁にハッパをかけたという。安倍は対策第2弾の2次補正について各省庁から案を募る際、とにかく規模を求めた。それが経済大国の証しだと言わんばかりに。

一方で、コロナ危機のもとで、私たちはあまりにお粗末な政府の対応ぶり、日本の脆弱な社会基盤の現実を目のあたりにした。象徴的なのは感染者を特定するPCR検査の能力不足である。日本の人口千人当たり検査数は感染拡大の当初、2・2人と経済協力開発機構（OECD）加盟37カ国中36位だった。首位のアイスランド（147人）は言うに及ばず、加盟国平均（27・7人）にも遠く及ばなかった。

それだけではない。人口当たり臨床医師数、集中治療設備数、給付金手続きを進める電子政府のレベル、小中学校のオンライン学習の普及度などでも、日本が先進国の平均レベルに達していない状況が露呈した。

これらは「現場の判断ミス」という類いの失敗ではない。必要なところに必要な予算を回せない、マンパワーを確保できないといったところに原因がある。政府全体の機能不全の結果であり、政治の失敗の結末だ。そして日本は1200兆円の国と地方の債務を抱え、財政健全度では世界最悪の国となっている。つまり日本はいま、行政機能の劣化と、財政赤字の拡大という二重の国難を同時に招いているのだ。

政界には「自国通貨を発行する国は財政破綻しない。だからもっと債務を増やせ」というＭＭＴ（現代貨幣理論）に染まった国会議員も増えている。それでもこれまでは日本の国債や通貨円の信認がかろうじて保たれ、財政は破綻せずにすんだ。日本にはまだまだ増税の余地があると市場からみられているためだろう。とはいえ、その余地も超高齢化と経済の成熟化とともに次第に縮小している。

安倍政権は何度も増税を先送りしてきた。代わりに行政サービスの質の低下を容認する道を選んだ、ということになる。その結果、ゆっくりとだが確実に政府機能の劣化が進んでいる。これこそ形を変えて進む「財政破綻」と言えるのではないか。

歴史学者ニーアル・ファーガソン（英、１９６４〜）は２０１２年に著した『劣化国家』で、日本や米国などの先進国がそうした事態に陥る可能性を見抜いていた。いわく、日本のように借金を膨らませても急な財政危機や超インフレには陥らないかもしれない。ただし数十年にわたるゼロ成長が避けられない、と。現実も、きわめてそれに近い形で進む。

コロナ危機で政府は巨額の対策費をつぎこみ、財源として2020～22年度の3年間だけで新規国債発行額（財投債を含む）は空前絶後の295兆円にのぼった。この異常な借金膨張を前に、政界にまったく危機意識が見えないことが不思議でならない。いま財源確保の必要性を訴える国会議員は数えるほどしかいない。この風潮をつくったのは安倍政権だ。これでは大国は大国でも、まさに「劣化大国」だ。佐伯はどう見ているのか。

「おカネに換算できないもの」を守るのが政治

――リフレ論者とMMT論者はその時々で主張が都合良く変わるので建設的な議論になりにくい。たとえば金融緩和を主張していたリフレ派が最近は財政拡大を唱えるようになりました。「インフレになったら財政拡大を止めればいい」というMMT派はインフレが進んでいる状況でもやめろとは言いません。リフレとMMTについては？

佐伯　僕はリフレもMMTもどちらも問題があると思っていますよ。でもケインズ主義を徹底的にやるならMMTになるのです。それしかケインズ主義を徹底する方法はないでしょう。財政赤字は出るが、経済成長すれば、（政府の借金は）少しずつ返済できるし、結局おカネはぜんぶ日銀に戻ってくるわけだから経済全体に何のマイナスもない、というのがＭＭＴの議論です。これを全面的に否定はできない。そこはある程度プラグマティックに考えたほうがいいと思う。いわば程度問題です。

僕は、ＭＭＴが絶対だとは思わないけれど、使えるなら使ってもかまわない。それがある程度有効であるなら使えばよい。財政均衡主義、小さな政府が保守の原則だとは思っていません。そんなことを言うのは米国の共和党系の一部の保守主義者だけです。（小さな政府論、市場原理主義の）新自由主義と保守は同じではない。

たとえば僕が知っている社会学者のダニエル・ベル（１９１９〜２０１１）は一応、米国では保守主義者に分類される人ですが、彼はむしろ社会民主主義者に近い主張をしています。あるていどの福祉は大事だと。とくに公共計画は必要だと言っていました。僕もそう思っています。僕はもともと（財政で有効需要を作ることを重視する）ケインジアンですから、ケインジアン的なものが保守と対立するとは思っていません。

大事なことは経済の背後には我々の社会生活があって、それはおカネに換えられない何かがあるということ。保守はそういう話をすべきなのです。老人問題とか、医療、教育、地域の人間の信頼関係とか、環境とか、そういう問題までカネをばらまいて解決しようとするのはまちがいです。ＭＭＴにはそういう傾向がある。ベーシック・インカム論もそうです。最低限おカネさえばらまけばいい、ということになって、本当に大事な質の問題が見えなくなってしまう。

その意味では、現在論議されている市場主義も福祉主義もケインズ主義も、基本的におカネの話ですし、経済原理の話です。経済さえうまくやればそれでいいだろうということになる。だから、いずれも結局、どうすれば経済成長できるか、という話になる。しかし、そうでないものがある。おカネには換えられない、金銭的利益を超えたものがある。それを維持していくのが保守だと思っています。

――政府による分配のあり方がもう少し公正であれば、必要な財政資金をまかなうための増税にも国民の理解が広がるのではないですか。

佐伯 そんな公正な分配というのはないと思います。分配というのは、何をやっても不満がでる。完全に平等にすれば、自分がエリートだと思っている連中は「これは悪平等だ」といって批判するでしょう。問題はやはり「カネを超えた価値」を認めるかどうかです。おカネでは測り得ないものがあるということ。人間関係、家事、医療、教育もそうです。公共的なもののほうが大事だというのはひとつの道徳感で、おカネに換算できない道徳的価値を守っていく。それが本当の政治の仕事だと思う。カネをばらまけば解決できるものは簡単です。

――同感ですが、政府が地域社会や家庭を頼ることで、必要な予算をつけることを怠ってきた面もありませんか。

佐伯　それはそうですね。教育にも医療にもおカネがいりますからね。おカネの配分の重要さはまったく否定しませんが、どう配分するかを決めるには、国の将来についての公共的計画や見取り図が必要でしょう。それは、私益を基盤にする民主主義では難しい。それをどういう形でやるかということが大きな問題です。

政治家は余計なことはしない方がいい

――いま急速に進む円安は、日本経済が弱くなった証しとも言えるのではないでしょうか。大多数のエコノミストは「すぐにまた円高に転じる」と見ています。ですが、貿易赤字が恒常的に続きそうな今の状況で果たして本当にそうなるか疑問です。

佐伯　その見方には賛成です。近い将来、日本の株式市場がどういうことになるか。先行き日本経済に期待ができないということになれば、海外資本は日本には流れてこないでしょう。日本の将来についての期待はものすごく弱いと思います。それは経済だけの話ではすみません。軍事、国際政治、政治的な能力、全部かかわってくる問題です。

——日本政府の歳出額は社会保障予算を除くと、GDP比では先進国で最低水準です。新興国経済は米国が利上げすると、資本流出が起きて通貨安となり苦しい状況に陥ることが多いですが、今の日本はまさにそういう状況に近い。日本もいよいよ新興国のような経済になってきたのではないですか。

佐伯　その指摘にも賛成です。ただ、どうしてそうなったかと言えば、財政政策の失敗というだけではなく、もっと根本的な問題があるということでしょう。1980年代にバブル経済になりましたが、そのとき日本はおカネの使い方を間違えました。日本企業が米国のロックフェラーセンターを買収するとか、土建関連や地上げなどと絡んで、ただただバブルを作って喜んでいました。そのときにもっと学術や福祉、研究開発、国土保全などにおカネを使っておけば良かった。90年代に米国がIT革命をやったときには、日本もそれに対抗できるような戦略をもって人材を育てるべきでした。

その前から自民党政権がやってきたのは「経済成長さえできればいい」ということです。そのために自民党が差配して、いろんなところに配る政治をやってきました。世論もそれを後押ししてきました。ただ中曽根政権あたりで、政治が主導して経済成長させるのはまずい、ということになってきました。

ところがそこで85年のプラザ合意をきっかけにバブル経済となって、90年代初頭にはバブルが崩壊してしまった。本来は80年代のバブル期のうちに、うまいカネの使い道を考えておけば良かったのです。真に重要な公共計画が求められたのです。しかし、実際には新自由主義に転換して、結局何もできなかったし、その過程でまともな国土計画さえなくなってしまいました。

――80年代くらいまでの政治家にはそういう問題意識もありました。たとえば大平正芳政権は「大平政策研究会」（1979～80）で学者や文化人、若手官僚を集めて日本の未来を展望しようとしました。

佐伯　そうです。当時、僕は大学院生でしたが、東京大教授だった村上泰亮さん、佐藤誠三郎さんらは大平政権や中曽根政権などで国家戦略づくりに陰に陽にかかわっていたようです。あの時代、そういう長期的展望をもてる学者と政治のトップとが、ある程度いい関係をもつことができていました。大平さんは学者の意見を聞こうとしたし、中曽根さんにもそういうところがあった。そのあと、残念ながらそういう首相がいないですね。

大平政策研究会は「戦後の総決算」を唱えた大平内閣が高度成長後の経済を見すえ、巨視的に日本の未来図を描くために設けた首相の諮問会議である。

「田園都市構想」「文化の時代」などテーマ別に9分科会を設け、総勢200人の委員を招集した。各分野の一流の学者たちはもちろん、評論家の山本七平、「劇団四季」の浅利慶太、建築家の黒川紀章、作家の小松左京ら著名な文化人も数多く参加した。大平がみずから指名し、口説いて集めた有識者も少なくなかった。30〜40代の官僚や日銀職員ら有望な若手も起用した。その中には後に日銀総裁になる福井俊彦や各省の次官になる者たちが数多くいた。

大平の急逝で実は結ばなかったものの、その報告は現代に通じる国家的課題をいくつも予見していた。戦後ひたすら上り坂を駆け上がってきた日本の、それもバブル前夜に、そろそろ下り坂のことも考えようと呼びかけていたのだから、その先見性は相当なものである。もし大平研構想にもとづいてその後の経済政策、都市政策が進められていたら、私たちがいま立つ「未来」はもう少しましなものだったかもしれない。

安倍政権も1億総活躍、働き方改革、全世代型社会保障など、大きな官邸会議を次々と立ち上げた。あたかも長期的課題に熱心のようだったが、どの会議も専門家らの言いっ放しで終わった感が強い。

大平の時代より現代の我々の方がずっと深刻な課題をいくつも抱えている。人口減少、超高齢化、財政悪化、格差拡大……。解決すべき方向はわかっているのに、具体的な行動にはならない。それはなぜなのか。

——「三角大福中」(三木武夫、田中角栄、大平正芳、福田赳夫、中曽根康弘の1970〜80年代の政界実力者たちの総称)のころまでは学者の意見に耳を傾ける時代でしたね。独断専行のようなイメージのある田中首相にだって、そういうところがありました。

佐伯 そうです。『日本列島改造論』は批判されたが、裏日本と呼ばれた地域にもおカネを回す政策はどこかで一度必要だったのだろうと思います。大平の田園都市構想も田中角栄とは違うかたちで、地方も含めた日本の再建ということを考えたものでした。

——佐伯さんは著書で「政治家は国家の長期的な方向を示すべき存在であり、『旗』をたて、その旗のもとに結集すべく人々を説得する『指揮官』でもある」と書いています。現代の政治家もそうあってほしいものですね。

佐伯　そうです。しかし民主主義というのは本当に難しいですよ。周囲からはいろんな要求が来る。そして、あれを説明しろ、これを説明しろと言われる。そう簡単じゃない。

――以前、あるインド研究者が「インドには偉大な政治家が生まれる。だが偉大な政治家が生まれる社会がいい社会とは限らない」と言っていました。それで言えば、偉大な政治家が生まれなくなった日本は、それほど悪くない社会ということなのでしょうか。

佐伯　僕は、今日の日本の政治家というのは、余計なことはしないほうがいい、と感じています。一つの理由は、いま日本社会は限界まできている。だからAという方向でプラスを求めれば、必ずBという方向でマイナスが出る。何かをやれば必ず反発が出る。そのこと自体が政治を不安定化する。政治をコロコロ変えていかざるをえなくなる。やるとしても、ほんの微調整くらいで、いまある状態を維持することくらいしかできないだろうと思うのです。

マスメディアが世論を動かさないとだめ

――それが「保守」だとすれば現状を根本的に変えようと試みたアベノミクスは対極にあります。

佐伯　しかし、安倍さんが登場したとき、デフレ克服と経済再生は最大の論点でした。安倍さんも何とか動かせると思ったのでしょう。

――それは間違いだったのではないですか。

佐伯　そこまでは言い切れません。政治家が時代の流れや世論に抗するのは、たいへんに難しい。たとえば政治家が国民に向かって「成長はあきらめ、ゼロ成長でいい」とか、「世界に冠たる国でなく、そこそこ満足できる普通の国に」なんて言えますか。よほどの政治家でないと言えませんよ。

――それでも必要なら言わねばならないのが政治家ですよね。「旗を立てる」とはそういうことではないですか。

佐伯　僕も本当は安倍さんにはそう言ってほしかったし、日本の大きな将来像を示してほしかった。安倍さんぐらいしか言える可能性はなかったでしょう。でも経済は民主党政権でも復活せず、日本政治そのものが世界からの信頼を失い、メディアは経済再生を求めている。やはり無理だったでしょう。

――理想としては言うべきだが、日本の現実では無理ということですか。

佐伯　それ以前に政治家がそういうことを考えていないということです。

――政治家が劣化した、と?

佐伯 そうです。

――社会も劣化しているのではないですか。

佐伯 むしろそちらの方が大きいかもしれません。政治家は言えないが、ジャーナリズムなら言える。マスメディアがそうした議論をすれば、政治も動くでしょう。だからマスメディアが言うべきですよ。朝日新聞も読売新聞もね。

――メディアにも罪があるというのは認めます。アベノミクスをもてはやしたのもマスメディアでしたから。

佐伯 ただ本当の問題は、日本社会が何をやってもうまくいかないところまで来てしまった、というところにあります。その認識をまず前提にして、そのなかでやれることをやりましょうと言う以外にないでしょう。現状をとにかく維持することが第一で、我々の本当の幸せは何か、文化や地方生活はどうあるべきか、そういう問題設定をすれば良かった。この混沌たる世界の中で、まずは自足できる国を作ってゆく。それしかありません。

しかし政治もメディアもそれをやらなかった。政治家だけにやれと言っても無理です。やるならメディアが提言して世論を動かしていかないとだめです。結局、政治も大衆世論で動きますからね。そこに一番影響を与えるのはやはりメディアです。
メディアが安倍政治の批判ばかりやっていたので、安倍さんはかわいそうでしたよ。代替策を出すならいい。でも立憲民主党だって、桜を見る会の批判ばかり言っているが、じゃあ政策で何をすればいいのかを言わない。政治の世界はぜんぶ相対的な評価です。野党は「こういうことをやれば、もう少しマシではないのか」と言わなければいけなかった。自民党がやらないなら、野党が日本の将来像を提示すべきでしょう。それをせずに、小手先で状況をやり過ごそうとすれば、誰が首相をやっても同じだと思います。問題はもっと根本的なところまで来ている。それを我々が受け入れるかどうかです。

安倍元首相も「何か」に踊らされていた

――佐伯さんは著書で「自制」「政治的権威の尊重」「慣習や道徳意識」「義務感や責任感」など、目に見えない日本の価値が守られず後退している、それが問題だと指摘されています。アベノミクスがもたらした財政規律の崩壊とか、金融政策の政治化は、まさにそうした「目に見えない価値」の喪失と言えるのではないですか。

佐伯　結果的にはアベノミクスがそういう状況をもたらすことになったかもしれないが、

やはり僕なりに言えば、もう少し根本的な問題が原因だと思います。それは戦後日本社会そのものです。戦後の日本社会の基本的価値観は自民党も含めてリベラルです。それは近代主義的な価値観です。これにあらがうことはできなかった。

集団より個人が大事、人間の作為とか合理性を超えた神聖な領域は存在しない、合理的なものが進歩であり、非合理的な古いものは批判する、これが近代主義の価値観です。道徳や規範は自由と対立すると見られました。その上で、経済成長を追求すればよい、カネを生み出せば幸せになるはずだ、それを後押しするのはイノベーションだ、という考え方です。

このいわば近代主義の価値観を米国も欧州も、そして日本も受け入れてきました。しかし、それは日本社会にうまく根付きませんでした。というより、根付きようがなかった。完全にそういう社会を作るのは無理だったのです。

――無理とは?

佐伯　西欧の近代主義の背景にあるのは、ギリシャに始まって長い間積み重ねてきた市民社会の伝統です。ギリシャのポリスは市民が個として自立して、公共的な政治に参加して、おまけに兵隊にもなってポリスのために戦う。そういう思想が欧州の根本にはあります。米国でもそれを受け入れています。それが前提にあって、西欧ではかろうじて近代主義が可能となった。それでも西欧のなかにはキリスト教やユダヤ教といった宗教の支えもあります。米国にも教会を中心にした地方の共同体が残っています。

日本は戦後、前近代的な封建社会を変えろ、ということになり、共同体も家も地域も、仏教も神道もぜんぶ間違いだとされてしまいました。西洋の近代主義の表面的なところだけ受け入れたのです。それではうまくいくはずがない。だから日本的なものは前近代的として否定され、かといって近代的な市民社会になるわけでもない。個が確立するわけでもない。それなのに家も地域社会も宗教の支えもなくなってしまった。個人は行き場がなくなってしまいました。それが根本の問題としてあります。

保守はそれを立て直すべきでした。しかし安倍さんでも立て直せなかった。立て直すどころか、かつてなく経済中心にしてしまった。近代主義をかえって加速してしまった。それは安倍さんの罪というより、戦後日本社会の全体の問題です。リベラルも保守も同じです。野党も与党も同じです。保守とリベラルの対立の背後に、もう一つ別の何か伝統的なものがあるのです。それをうまい具合に使っていかないといけない。

――なるほど、たしかに思い当たるところがあります。いま日本銀行がやっている財政ファイナンス的な手法は、もともと米FRBのバーナンキ議長が始めたものです。日銀は「米国があそこまでやるのなら日本も追随せざるをえない」ということになりました。しかし米国は問題が起きたら修正できる国です。だからいまFRBは超金融緩和をやめて、猛烈な勢いで出口戦略を進めています。一方、欧州はいったん動いたらなかなか変えられない文化なので、中央銀行は財政ファイナンスに動くことに慎重でした。その後、始めましたが少しやっただけなので、いま引き返すエネルギーが小さくて済んでいます。しかし、日銀は異次元緩和に動いたら、どっぷりそこにはまり込み、いまもなかなか引き返すことができない。まさに日本に近代主義の思想もシステムもないことを物語っています。

佐伯　まったくその通りだと思います。米国は理論を唱えるけれど、それにとらわれず、いくらでも平気で変更する。彼らからすれば「俺たちが主役なのだから調子が悪くなったら変更するのは当たり前だろう」という考え方なのです。一方、我々は彼らから理論だけを受け入れてくるから、かえってそれに縛られてしまう。

――安倍元首相だけに責任を負わせられない、我々も反省すべき点は多い、というのはそうかもしれません。

佐伯　左翼があまりにも安倍さんをターゲットにして攻撃しすぎたと思います。それでかえって真の問題がわからなくなってしまった。安倍さんだって何かに踊らされていたのですよ。状況に踊らされているというのか、日本社会の構造に踊らされているというのか。

問題は西欧が生み出した近代社会をどう理解するか。それを本当に日本に持ち込むことができるのか、ということです。近代主義というのは、絶えず現状を変革し、人間の自由や幸福を増大し拡張しようとするものです。しかもその近代主義がついに宇宙開発などのイノベーションにまで進み、スーパー近代主義になろうとしています。近代主義でさえアップアップしていた日本が、果たしてその潮流にくっついていくことができるのかどうか。いや、追いかけるのがよいのかどうか。

ある程度は欧米につきあわないと仕方ないですが、本当に大事にすべき共同体的な価値とか、日本的な価値についても考えておかないとだめです。スーパー近代主義を我々の生活や文化にどう採り入れていって、それによって日本的なものが表面的に崩壊していったとしても、中身はちゃんと残っているとかね、そういうことを考えないと仕方ない。そのとき、保守とかリベラルとか、関係ないと思いますよ。

（インタビューは2022年10月にオンライン版「論座」に掲載）

山口二郎◉「より良い未来」をあきらめた民意と長期政権

保守論客から見たアベノミクス論に対し、リベラルから見るアベノミクスの評価とはどのようなものか。リベラル派の論客を代表して、法政大教授の山口二郎に登場してもらおう。山口はかつて民主党政権の政策ブレーンであり、最近では立憲民主党や共産党などの野党共闘構想の推進者であり、つなぎ役である。

自民党政治に批判的な立場から政権交代の起こりうる政治システムをめざし、今も政治論争を続けている。その目に、長期政権化や官邸主導に成功した安倍政権はどう映っているだろうか。アベノミクスは安倍1強体制にどんな役割を果たしたのか。野党にくみ取るべき教訓はあったのか。意見を聞いた。

●山口二郎・法政大教授

やまぐち・じろう　1958年生まれ。東京大法学部卒。北海道大教授を経て、法政大法学部教授。専門は行政学、現代日本政治論。主な著書に『大蔵官僚支配の終焉』（岩波書店）、『ブレア時代のイギリス』『政権交代とは何だったのか』『民主主義は終わるのか――瀬戸際に立つ日本』（以上、岩波新書）、『若者のための政治マニュアル』（講談社現代新書）などがある。

――民主党政権の失敗の顚末を知る山口さんから見て、安倍政権が長期政権化に成功した理由はどこにあると思いますか。

山口　いくつかあると思います。まず文化的、社会的な面から話しましょう。２００９年の政権交代までの民意は、よりよい未来とか別の社会像とかを求めて彷徨《さまよ》っていました。たとえば民主党政権が掲げた「生活第一」は、僕の言葉でいえばリスクの社会化路線ですが、そういうものに期待する意識が国民にありました。１９８０年代の中曽根改革、90年代の細川政権の政治改革、橋本政権の６大改革、そして２０００年代の小泉改革と、オルタナティブ（代替できる選択肢）を求めてそのときそのときで、次々に魅力的に見えるものを民意は選んできました。

しかし民主党政権の挫折と東日本大震災によって、より良い未来に対する決定的な絶望というかあきらめというか、それが日本人を覆ってしまいました。内閣府が毎年おこなっている社会意識に関する世論調査からも、2010年代前半に驚くべき民意の転換が起こっていたことがわかります。00年代は「満足していない」が「満足している」を15～20ポイント上回っていましたが、13年に逆転し、14年以降は「満足している」が上回る状態が続いています。物的豊かさや精神的充実感がそれほど大きくなくとも、平穏無事な生活を続けられることで満足するようになっていったと考えられます。

より良い未来が構想できないなら政治には継続安定を求めるしかない。そういう声が安倍政権を支えたのだと思います。安倍政権が何かをしたから支持されたのではなく、より良い未来がないから、もうこのくらいでもいい、という現状への満足とか、あきらめみたいなものに民意が転換したまさにその時に、その波の上を安倍政権がサーフィンしてきたようなものです。

それに加えて過去への回帰というものもありました。国民がみなナショナリズムに流れたとは思いませんが、経済的な発展とか技術的な進歩に期待できない時代になると、自分の国とか文化に誇りをもちたいという気分がだんだん高まってくるわけです。それも安倍政権を支えたものです。

景気の上向きに登場する政権は長持ちする

――他にはどんな理由がありますか。

山口　政治要因で言えば、オルタナティブを示す政治的プロジェクトが挫折してしまったことです。民主党政権だっていいことはいくつもやったのに、そういう記憶は全部流しさられてしまいました。大震災の衝撃の影響もあるが、民主党自身も政権の座にありながら党が分裂するなんていう、およそ政治家としてはありえない愚行をやったわけです。最たるものが、小沢一郎氏が党を飛び出したことです。あれが最大の罪でした。

（自民党の）オルタナティブであることをみずから放棄しちゃった。最たるものが、小沢一郎氏が党を飛び出したことです。あれが最大の罪でした。

政党政治というのはいつだって山あり谷ありで、浮き沈みがあります。世界中のどの政党だって冬の時代に耐えると、次には政権交代のチャンスがめぐってくる。そういうサイクルがあるわけです。そのためには、政党は逆境のときも我慢して人材を育て、政策を構想しておくことが必要です。ところが民主党政権は政権の座にありながら党が分裂してしまい、わざわざ権力を敵方に譲り渡すということをやってしまった。およそ政党政治の体を成していなかったということでしょう。

経済的な理由をあげれば、安倍政権時代はそれなりに景気が良かったということでしょう。第2次安倍政権が発足して間もないころ、立命館大教授だった高橋伸彰さんを招いて研究会をやったとき、アベノミクス批判派でもある高橋さんがこう言っていました。「景気はこれからちょっとずつ上向きそうだ。小泉政権のときもそうだったが、景気が上向き始めたときにできた政権というのは長持ちするものだ」と。その予言は当たりました。好景気が安倍政権を支えたのはまちがいないでしょう。

――その意味では安倍政権はツイている政権でしたね。

山口二郎氏　撮影・原 真人

山口　大震災の後だったので国民の期待水準がどん底まで落ちていたところから始まった政権でした。だから劇的に世の中を良くしなくとも、そこそこうまくやっている、という評価を受けることになったのでしょう。

――日本をもう一度元気な経済大国にする、という安倍政権のスローガンが国民受けした背景にはGDPの大きさで2010年に日本が初めて中国に追い抜かれたことも大きかったのではないでしょうか。日本人のマインドセットからすると、経済力で格下だと思っていた中国に逆転されたのはかなりショックだったのだろうと思います。

山口　米国を除けば日本が経済的にはナンバーワンだ、という自意識は高度成長の時代のあと長い間、日本人にはありましたからね。

——「日本人はこんなにすごい」という類いの本が売れるようになったのはその後です。安倍政権がそういう空気にシンクロしたのではないですか。

山口　そうですね。日本経済の実態としては縮小していく一方で、意識においては夜郎自大というか、自己肯定が肥大化していくというか。そこの逆説がちょうど安倍政権の発足と重なったということでしょうか。「日本を取り戻す」というような安倍政権のキャッチフレーズは具体的な中身がなくても、ある部分の人々には届いたのでしょう。

——安倍政権の政治資産を蓄えた最大のエンジンはアベノミクスだったと言われます。

山口　私は経済学者ではないので、アベノミクスの政策的な中身に立ち入った分析はできませんが、やはり日銀の異次元金融緩和というのは安倍さんの狙いを実現させるのに有効だったのではないですか。どんどん日銀券を発行して国債を買いこんで、円安に誘導して、輸出企業をもうけさせる。株をもっている人は株高で恩恵に浴したし、そうじゃない人も毎日ニュースで日経平均株価が上がったというのを見ているわけです。株価は4けただったのがやがて1万数千円になり、2万円台に上昇していった。こういうのを見ていると、何か国が豊かになったみたいな幻想をもつのでしょうね。

――安倍元首相が最も気にしていたのは支持率とともに株価だったそうです。株価が上がったことは政権にとって大きい意味があったでしょうね。

山口　政権の経済運営のシンボルですよね。所得がたいして良くなっていなくとも、株価さえ上がれば、世の中全体として豊かになっているような雰囲気になるのではないですか。

「正常性バイアス」が強い日本は危機回避に弱い

――実はアベノミクスというのは体系があるようで、ない政策です。

山口　3本の矢（大胆な金融緩和、機動的な財政出動、成長戦略）の貼り合わせですからね。スローガンも、「一億総活躍」とか「女性が輝く」とか取っ換えひっかえで、新しいものが出ては消えていく。その繰り返しでした。それで新機軸をいろいろ打ち出しているイメージは作れたのでしょう。

——アベノミクスの本質は日銀が紙幣を刷って政府財政を支えた「財政ファイナンス」でした。

山口　伝統的には禁じ手とされたことですね。

——実は私が最初に「アベノミクス」と新聞に見出しをつけたのは、レーガノミクスのようにろくでもない政策だと揶揄するためだったのですが、安倍元首相が何百回、何千回と「アベノミクスの成功」「アベノミクスの果実」と繰り返し言っているうちに、国民には「すばらしい政策だ」とすり込まれてしまったようです。

山口　株価の上昇や企業収益の好調さが結果的にそれを支えることになったのですね。

——経済専門家の分析では、アベノミクスと円安・株高の因果関係がどこまであるのかは実は微妙です。一方で、これだけ異常な財政ファイナンスがおこなわれていても、メディアも国民もたいして問題にしてきませんでした。

山口　私は、日本国民に「正常性バイアス」が働くようになったためではないかと考えています。

——正常性バイアスとは？

山口　災害や事故が迫っていても自分だけは大丈夫だろうと思い込み、危機を回避する行動をとらない心理のことを、心理学ではそう呼んでいます。よりよい未来はありえない、という意識が国民のなかに浸透してくると、こんどは嘘でもいいからある種の安心感をもちたくなる。マインドのなかに秩序を作りたいと思うようになるのです。人は不安のなかで生き続けることはできません。現状肯定とか、自己正当化という心理が働くようになります。その結果、不都合な現実から目を背けることになるわけです。

――なるほど、以前、ある科学史の研究者から、日本でこれだけ地震が多いのに木造建築が多いのは何十年に一度は倒壊することもありうるという前提で家を建てているからではないか、と聞いたことがあります。日本人にはそういう諦めの境地のようなところがあるのでしょうか。その傾向は海外諸国でもあるのですか。日本特有の現象ですか。

山口　日本特有の現象です。他の国の政治をみれば、最近もそれなりに政権交代とか政治的な変化が起きていますからね。米国だって、トランプ大統領がムチャクチャをすれば、次はバイデン大統領のようにさえない候補でも担がれて、このままでいいのか、という現状に対する疑問や批判の受け皿になっています。その変化に対応し、偽の選択肢を示して一時的な人気を得ようというポピュリストやデマゴーグも出てきました。典型的な例が、英国の欧州連合（EU）からの脱退、いわゆるブレグジット騒ぎです。一時的な人気取りのためにそう主張する政治家たちが出てきたのです。ただ、英国でも米国でもそういう偽の選択肢が長続きすることはありませんでした。日本人が米英人よりおろかだとは言うつもりはありませんが、長年、民主政治をやってきた両国では、国民が「こいつだけは危ない」と思ったら、政治的にちゃんと意思表示していく社会であるという点で、まあ日本は負けているなあ、と思いますね。

――日本人は一方で、自己肯定感が他の国より低い面があります。「あなたは幸せですか」と聞かれても「幸せだ」と答える人の比率が海外より低めに出ることが多い。現状に問題点があるという意識があるためではないのですか。

山口　日本人には他人の目を気にしすぎるところがあるのでしょう。いわゆる他者指向性と呼ばれるものです。人がどう思おうと「自分はこう思う」とはばからず言える人もいるけれど、大多数の人は忖度とか空気を読むといった意識が強い。そういう世間では、常に人の幸福をやっかむネガティブな磁場が働いている。そういうものがおそらく日本人の社会意識にある。そのなかで「自分は幸福だ」などと正直に言うと、人からそしられるのではないかと考えてしまうのでしょう。

――それと同時に正常性バイアスが強いというのは、どういうことですか？

山口　ベーシックな生存問題についていえば、自分が生き残れるということについて実は信じている。しかし、より良い人生をつくるために解決すべき問題があるということはあまり直視したくないということなのでしょう。

――日本人にずっと昔からある意識なのでしょうか。

山口　いいえ、そうでもありません。さきほど紹介した内閣府調査をみると、2000年代までは政治に対して不満を持っている人が多数派でした。そこで別の選択肢があるというのは、人々の政治的な行動を動かすドライビングフォースだったと思う。だから選挙では1980年代以降、中曽根康弘さんが勝ったり、社会党や細川護熙《もりひろ》さんが勝ったり、3年とか5年とかの周期で変化が起きてきました。そういう変化が急に弱まったというのが第2次安倍時代の特徴だと思います。

魅力あふれる政策構想を競った時代もあった

――第2次安倍政権時代に官僚たちが言っていたのは、どんなにひどいことを言っている政権だとしても「長期政権というのはいいものだ」ということでした。外交でも存在感を増し非常に楽になった。成り立ての政権のように、よけいな心配をしなくてもいい。長期政権は楽だ、という雰囲気がありました。

山口　政治学の観点からみれば、安倍晋三という政治家は全体の評価は別として、権力の使い方を非常に心得た人でした。とくに人事がそうです。ここまで権力を政権運営のために有効に使った総理大臣は戦後珍しいのではないでしょうか。

――権力維持がここまで目的化してしまった政権がかつてあったでしょうか。ふつうは何かやりたい政治目的があって、その実現のために権力を取りにいくというのが常識でした。しかし安倍政権はいわば権力を維持していくための装置としてアベノミクスのような、危うい政策を引っ張り込んできたように見えます。

山口　それは政権交代の逆効果です。戦後長い間、自民党政権の継続というのは自明の前提でした。その自民党のなかに総理・総裁になりたい人がいて、単に権力がほしいというだけでは国民の支持は得られないので、自分のキャッチフレーズを考えるわけです。総理・総裁になったらそれを具体化して残していく、という行動パターンがどの政権にも共通していました。

ところが佐藤栄作政権のあと、しばらく不安定な時代が続きました。それは石油危機のあと、高度成長が止まって経済的混乱があったというのが一番大きい原因なのですが、政治と金をめぐる問題が噴き出すなどいくつか理由がありました。それでも中曽根政権くらいまでは、自民党政権を前提としたリーダーの競争と、それに伴うある種の政策イノベーションみたいなメカニズムが働いていたと思います。そのあとも宮沢喜一政権もそういうことをやろうとしたのでしょうけれど、90年代の相次ぐ政治的なスキャンダルで頓挫しちゃったわけです。

その後は、90年代後半の橋本龍太郎首相が、新しい衆院選挙制度のもとで最初に解散を打ちました。ダイナミックな改革者であるイメージをことさら強調し、「橋本6大改革」を打ち出したわけです。この橋本元首相も、その3代後の小泉純一郎・元首相も、小選挙区制のもとで55年体制ではない、下手をすると政権交代がありうる選挙を戦った首相たちです。そのために自分の存在をアピールし、自民党が勝てるように政策的に魅力のある構想を打ち出していこうという競争をやっていました。

——その競争がなくなっていくのは、いつからですか。

山口　小泉首相が辞めたあとは、自民党も混乱してしまいました。人材難かなと僕は思っています。それに国民もあきれてしまって、２００９年の政権交代につながります。自民党にとっては初めての本格的な野党暮らしとなりました。自民党は3年以上、その逆境にあって、絶対に政権を取り戻す、取り戻したらこんどは絶対に手放さない、という動機で政治に取り組むようになったのです。これが大きな変化でした。

その後、民主党政権が下手をうって、さらに11年に東日本大震災が起きたこともあって、自民党以外の選択肢というのが急に分が悪くなりました。自民党政権を変えてみたけれど、あまりぱっとしなかったという諦め感もあったのでしょう。その結果、自民党が安倍総裁のもとで政権を取り戻したわけです。こういう経緯で、たとえ安倍政権が何もしなくとも、政策的成功がなくとも、政権を維持しやすい環境が整ったということです。

――安倍政権は、民主党政権が生み出したとも言えるわけですね。

山口　まあ、そういうことです。悔しいですけどね。

――アベノミクスを、単なる安倍元首相の政治的パフォーマンスだったと見る識者もいます。

山口　首相というのは支持率をあげるためにはいろんなパフォーマンスをするものです。それを言うなら中曽根元首相の行革だってそうだし、小泉元首相の郵政民営化なんてその最たるものです。いまにして思えば、なんであんなに大騒ぎしてやったのかという話です。

——小泉元首相には郵政利権に強い経世会（旧竹下派）つぶしというような動機があったとも言われています。その意味では成功し、その後、清和会政権が長らく続くことになりました。

山口　たしかに郵政民営化は経世会つぶしをもたらした面がありました。

——以前、朝日新聞の連載企画で90年代から2000年代前半にかけての主要な経済政策を評価したことがありました。いろんな場面で存在感を放っていたのは橋本龍太郎、梶山静六といった経世会出身の有力政治家たちでした。経世会のような権力の中枢ネットワークが人材を育て、日本政治の根幹を成していた面があったのではないですか。

山口　それは感じますね。小泉元首相の前までは、総理総裁をめざすためのキャリアパターンがはっきり決まっていました。自民党の幹事長、政調会長、総務会長の三役のうちの二つ、それから大蔵、通産、外務の主要3大臣のうちから一つ二つはやらないといけない、と。党役員とか主要閣僚をやるということは大蔵省や外務省の官僚とも信頼関係をつくることになります。そうやって政治家を鍛える仕組みというものがありましたよね。

——いまそのような経験を積んで総理になる人はいないですね。

山口　いないですよ。橋本龍太郎が最後でしょうか。そういう首相たちは思いつきでアジェンダ（政策テーマ）を作らないわけです。橋本元首相は派手なパフォーマンスもしてきたけれど、それでも官僚の発想も共有していたので実現可能な改革を打ち出したわけです。

機を見るに敏の小沢路線も悪くない

――安倍元首相の場合、本当にやりたい、やらねばならないということより、権力をとるための方便として政策を打ち出した感じがします。それで言うと、小沢一郎氏にも共通するものを感じます。90年代に著書『日本改造計画』であれほど新自由主義的な政策を打ち出そうとしていた人が、民主党政権発足時に社会民主主義的な「生活第一」の政策構想に変わっていました。どうしてそこまで変われるのでしょうか。

山口　小沢さんという人は政策的なこだわりがない人なのでしょうね。彼は基本、権力闘争の人です。

――その点では安倍元首相と小沢氏は似ている気がします。

山口　安倍さんもそうだったが、小沢さんも実は自民党時代に官房副長官、自治相、幹事長はやったけれど、大蔵、外務などの主要閣僚をやっていません。彼が取り組む政策テーマにはあまり一貫した軸は見えません。時代状況に適応して、ああこいつの話を使えばいいやと、ぱっと見抜いて打ち出しちゃう。その能力はすごいと思います。『日本改造計画』というのは、僕は立場が違いますが、それなりによくできたアジェンダだったと当時から思っていました。

あとで聞くと、（政治学者の）御厨貴さん、北岡伸一さん、（経済学者の）伊藤元重さんらが実質的に書いたわけでしょう。つまり90年代前半、右肩上がり経済がそろそろ終わりで、企業中心の日本の経済システムが限界にきていて、官僚支配もガタがきている。政治経済いろんな分野でシステムを変えなきゃいけないという雰囲気が横溢していました。そこである種のオピニオンリーダーになろうという意欲をもって、当時まだ40代だった若手の学者たちを集めて、そういう本を出したというのはたいへんな能力でした。

ところが2000年代になって、小泉政権のもとで規制緩和や地方交付税の削減、公共投資の縮小をやって地方経済がすごく傷みました。農業関係者たちもそうとう反発した。ワーキングプアとか、格差とかがにわかに注目を集めるようにもなりました。そこで小沢さんは変身した。これは政治家としては当然のことだと思います。

――世の中の変化をみて、適切に対応したということですか。

山口　機を見るに敏とも言えますが、政治家はそれでいいと思います。私が小沢さんとつきあいだしたのは00年代半ばでした。（小沢氏が党首だった）自由党の末期から、同党が民主党に合併したばかりのころです。（小沢氏側近だった）平野貞夫さんが勉強家で、当時、アンソニー・ギデンズ（1938～）の『第三の道――効率と公正の新たな同盟』とかを読んで、やはり新自由主義じゃだめだ、ちゃんとセーフティーネットを張って、ある程度、労働とか生活の保障ということを言っていかないとまずいという問題意識がありました。

当時、私は平野さんに呼ばれて、自由党や民主党の勉強会に出たり、小沢さんの個人後援会に行ったりしてつきあいが始まったのです。05年の郵政選挙で民主党が負けたとき、民主党の機関紙で小沢さんと対談する機会がありました。そこで「小泉・新自由主義」に対抗するためには民主党は再分配、平等のようなことを言っていかないとだめですよね、ということで意気投合したのです。当時、選挙に負けたすぐ後に前原誠司氏が民主党代表になったのですが、偽メール事件で辞任し、小沢さんが代表になりました。それから本格的に「生活第一」路線が始まったのです。06年4月、衆院千葉7区の補欠選挙があり、そこで小沢さんは「負け組ゼロ」といったキャッチフレーズを打ち出したり、田舎の川上の農村地帯から遊説を始め、だんだん市街地に降りてくる戦法をとったりしました。これで予想外の勝利を収められたので、選挙の小沢という信頼が党内で非常に高まったのです。

――ビール箱の上に立って演説する、あの小沢スタイルですね。

山口　そう、あのスタイルです。上から目線の構造改革ではなく、地べたで苦労している農民や中小自営業者、そんなに給料が高くないサラリーマンたちの目線で政治を語るという、いわばイメージ操作です。そのときのスローガンが生活第一でした。

――その路線は正しかったのでしょうね。

山口　その後、第1次安倍政権は1年でやめちゃうし、民主党は参院選で躍進し、政権交代への道筋ができました。そこで小沢さんが機を見るに敏で、にわか社民主義になったのはいいのですが、実際に政権をとったあと、本格的な政策を体系的に実施していく段階で失敗したわけです。そこでは、本来であれば生活第一とセットで消費税増税をするのも仕方ないと考えるべきでした。もちろん一時的には国債でしのぐのも仕方ありません。しかし、お代は見てのお帰りで、高速無料化や子ども手当の支給を国債発行でやったとしても、2年3年とやっていくなら恒久財源が必要です。税制に手を付けなければ仕方ないのは当然でしたが、小沢さんはむしろ「ムダを省くのだ」と言っていました。

さらにその後「消費増税は公約違反だ」と言って、党内で政局まで起こしてしまった。これが民主党政権の崩壊の大きな原因となったわけです。私は、これは歴史的失敗だったと思っています。『日本改造計画』のなかで消費税を上げると言い、細川政権で国民福祉税を導入しろと言っていた人なら消費増税も受け入れろよ、と思いましたね。

2009年秋から3年余り続いた民主党政権は、たしかに国民の大きな期待を裏切った政権だった。華々しく発表したマニフェスト（政権公約）では、歳出のムダ削減で16兆円超の巨額財源を生み出し、子ども手当を創設し、高速道路料金を無料にすると約束した。政権についたものの、公約はことごとく撤退を余儀なくされた。その顛末を思えば、山口が口惜しい物言いで民主党政権を振り返るのも無理はなかろう。山口の希望は裏切られたと言っていい。

とはいえ、その政党イメージは政権の仕事ぶり以上に貶《おとし》められてしまったように私には思える。「悪夢のような民主党政権」というおどろおどろしい言葉がつきまとったせいだろうか。これは首相時代の安倍晋三が旧民主党系の野党議員と論争するときの批判のための決めゼリフである。

だが、あの時代を何の意味もなかった悪夢と切り捨てていいものか。安倍は、アベノミクスが民主党政権時代のデフレから日本を救ったと吹聴する。だが、データは必ずしもそう語ってはいない。第2次安倍政権のうち、2013年からコロナ禍前の19年までの実質経済成長率は年平均1・0％だ。コロナ禍時期のデータを加えれば、さらに低くなる。これに対し、民主党政権時代（2009〜12年）の実質経済成長率は年平均1・8％である。むしろ安倍政権時より高かった。1人当たり国内総生産の世界ランキングも民主党時代（14〜18位）のほうが第2次安倍政権時（24〜28位）より上だ。

「悪夢」という印象的な言葉が〝真実〟を覆い隠してしまっている。

消費税減税を訴えた野党共闘はまちがいだった

――安倍政権は「保守」や「小さな政府」を志向する政権だと思われていましたが、実際はそうでもなかったのではないですか。

山口　安倍元首相にあまり思想はないんじゃないですか。小泉元首相は明らかに小さな政府を求め、市場メカニズムを信奉していました。けれど、安倍さんという人にはあまり思想は感じません。もちろん社会民主主義でもないのですよ。日本では超高齢化がどんどん進んできていて、社会保障費はどうしたって増えるわけです。安倍政権が単にそれを受け入れていただけです。

――確か第1次安倍政権のときには、安倍氏は米国内からリビジョニスト（歴史修正主義者）ではないかと警戒されたこともありました。それも第2次政権では言われなくなったのは、そういう思想もないと米国からも認定されたということでしょうか。

山口　思想がないということで言えば、まさに旧統一教会問題がそうでした。

――そうですね、あれだけ韓国に敵対的な態度をとっていた安倍氏が……。

山口　旧統一教会の文鮮明、韓鶴子夫妻のパトロンのようになっていたのです。そういう意味では自民党にありがちな一つの政治家の類型ですよね。

――消費税をめぐって安倍政権は2回、増税を延期しました。それでも結果的に2回の増税を実施した内閣でもあります。安倍元首相が辞任後、最初に受けた読売新聞インタビューで「あなたの政策レガシーは？」と問われ、「2回の増税をしたこと」と答えていたので、私は思わずひっくり返りそうになりました。ただ、それを読むと、安倍氏にも「財政を破綻させてはいけない」という最低限の常識はあったのかなとも思いました。

山口　そうですね。野田佳彦・元首相が解散・総選挙をする見返りに、自民党総裁だった安倍氏が「消費増税をする」と認めた経緯があります。そこは安倍さんも官僚的な論理に従った面があるのでしょう。

――安倍政権のもとで野党のポピュリズム化も顕著だったような気がします。これではむしろ政権担当能力が低下しているのではないでしょうか。

山口　困った問題です。私は野党共闘のつなぎ役のようなことを2016年からやってきて、野党の共通政策づくりにも協力してきました。そこで消費税をどうするかが一番難しい問題でした。共産党も社民党も消費税減税を主張していましたから。21年秋の総選挙では、れいわ新選組も枠組みに加わり、消費税減税を掲げることが野党共闘を実現するうえでは不可欠の要素のような雰囲気になっちゃったわけです。個人的にはそれを（共通政策案に）書きたくなかったが、やらないと野党がまとまらないわけです。

とはいえ、21年10月衆院選のときの朝日新聞世論調査で、消費税率について10％の現状維持が多数派で57％、一時的にでも引き下げるほうがよいと答えた人は35％でした。立憲民主党や共産党の支持者のなかでも現状維持派が多かった。野党支持といえども消費税減税を望むのは少数派だったことが明らかになったわけです。私が考えていたとおり、消費減税よりも安定した社会保障、安定した福祉国家を望む人のほうが多数派だった。そこはもうちょっと信頼できる政策を打ち出すべきでした。

――その後、枝野幸男・前立憲民主党代表が「消費減税を主張したのは誤りだった」と認め、意見を修正しましたね。

山口　実は、衆院選直後の21年11月くらいに私が枝野さんと選挙結果を総括した際には、すでに「消費税減税を主張したことは逆効果だった」という点で意見が一致していました。本気で政権を取りに行くのなら消費税問題で目くらましをするのではなく、信頼性のある政策体系を野党側から打ち出していかないとだめだ、というのが今は枝野さんたちの認識です。

――民主党が政権をとったときのマニフェストも「予算組み替えやムダ削減で16・8兆円の財源を生み出す」という実現性のないものでした。

山口　そうです、あれは小沢さんの悪いところでした。社会民主主義というのは高福祉・高負担までいかずとも、中福祉・中負担は言っていかなければいけないわけです。そのあたりは野党共闘のなかでもいろいろ論争は起きるけれど、立憲民主党が本気で政権をめざすのなら、ちゃんと議論を提起しないといけない。この問題は逃げていたらダメです。格好だけ野党共闘と言っていても国民から信頼してもらえないと思います。

――そのあたりは今の立憲民主党の執行部でも共通認識になったのですか。

山口　（政策通の）岡田克也幹事長が執行部に入り、そういう認識はあると思います。

――だとすると野党のポピュリズム化がいつまでも続くわけではないのですか。

山口　反省している人が大勢いるのは確かです。

防衛費の大幅増は国民を守れる政策か

――岸田政権が財源の裏付けもいいかげんなまま、防衛費を大幅に拡大するのを見ていると、政治の世界で何か大事な秩序のようなものが壊れてしまった感じがします。

山口　私は岸田さんに対して宏池会幻想というようなものがありました（筆者注・宏池会は池田勇人から続く自民党の有力派閥で現在の岸田派。官僚出身者や政策通が多い）。安倍元首相や菅義偉前首相に従属していたのは世を忍ぶ仮の姿で、山科閑居の『仮名手本忠臣蔵』に出てくる大石内蔵助がモデルの主人公みたいなもので、権力を取ったらいい意味で本性を現すのかなあ、とちょっと期待していたのですが、どうもそうでもないのかなと思います。

――結局、岸田首相も権力維持が最終目的になっているのではありませんか。防衛費増額の顚末を見ていて思うのは、いまだアベノミクスの呪縛が続いているということです。

結局、そんなことができるのは、当座は日銀による買い支えのおかげで国債増発ができるからです。政治家たちが財政ばらまきをやってもへっちゃら、ということになってしまっているのは異常です。

山口　そもそも防衛費をまかなうために税外収入だ、剰余金だ、歳出カットだ、というのはまったくナンセンスであることは明らかです。5年間で税外収入と剰余金と歳出カットで11兆円強を生み出すというが、その11兆円はそのあとは増税になるわけですよ。こんなものは一時的な収入であって恒久財源にはならない。年度あたり1兆円の増税案なんて目くらましもいいところです。とりあえず次の中期防の5年間ではいろいろかき集めて増税1兆円で済むのかもしれないが、その次の中期防になったら税外収入や剰余金の分も全部税金でやることになるわけだから、増税1兆円で済むわけがない。なのに1兆円増税と引き換えに5年間で総額43兆円の防衛予算となるわけです。おそらくまた次の5年間はもっと増やすということになるでしょう。これは国民を欺く重大な犯罪です。

それでも岸田さんが増税にまで踏み込んだというのは、ある種、最後の見識なのかなあとも思ったけれど、結局、自民党税調も増税するのかしないのかわからない議論になった。法案は2023年通常国会には出さないわけですからね。岸田さんがもしここで責任感をもって統治能力を発揮したいなら、せめて党内を制圧して通常国会に所得税や法人税の1兆円増税法案として出すんだ、というところまでもっていかないとダメですよ。

――それさえできないわけですね。

山口　そうです。二重の意味で国民を欺いているわけです。

――国家安全保障の文脈で防衛費増額案が出てきたのだとしたら、財源の問題が不確かでは安全保障にならないはずです。それに国債価格が急落して財政が弱体化したら、防衛装備だって安定して増やしていけません。この問題をそんな不確かな枠組みでやろうというのがおかしいですね。

山口　本当に不誠実で無責任です。岸田さんという人の良心を疑いたくなる。国民に説明して納得してもらって信頼を得る、という正攻法を放棄したということです。これは自民党政権の危機というより、国難です。

――こんなことをやっていたら財政がおかしくなって、ますます円安になります。そうなったら防衛費だってドルベースで実質目減りしてしまいます。

山口　米国からはドルで兵器を輸入するわけですからね。こういう国際情勢だから、ある程度は防衛費を増やさざるをえないという合意はあると思います。ただし中身は詰めないといけない。それと費用は誰がどうやって負担するかという問題とセットで考えないといけません。そうでないと持続可能な防衛政策にはなりません。立憲民主党にはちゃんと対案を出してほしいと思います。

原点に返って政権交代へのチャレンジを

――防衛費だって円安問題と切り離せないように、安全保障は通貨や財政の安全保障でもあるべきです。そこを一体的にかみ合わせた議論にならないとまずいですよね？

山口　歴史は繰り返すということを最近の防衛論議を聞いていて感じます。１９３０年代後半、二・二六事件で軍ファシズムに向かっていく時代に、広義国防か、狭義国防かという論争がありました。狭い意味の国防とは軍部を増強していく、防衛費を増やすということです。これに対し広義国防とは、国の経済力とか国民の生活水準や健康のことまでを含めて国力を高めていくという考え方です。当時は失業とか農村の疲弊とか社会経済問題が深刻で、いまでいう格差貧困が大きかった時代です。だから陸軍の一部には、労働組合とか社会民衆党などとも連携して広い意味での国防を考えることが必要だという意見もありました。たしかに国民生活をまったく考えず、格差・貧困問題も放置していたとすれば、それで政府はいったい何を守るんだという感じがします。

——そもそも社会保障制度というのはドイツ帝国の宰相ビスマルクが国防の延長で生み出した制度ですよね？

山口　そう、総力戦体制のなかで作ったものです。健康保険制度なんかがそうですね。やはり国民が健康でなければ強い軍隊はできないという当たり前の発想で、社会政策をやったわけです。いまは総力戦体制を考えるときではないけれど、それにしてもやはり広い意味の国防を考えないといけないと思います。

日本にとっての脅威は実は内側にありますよね。1年間に生まれる子どもの数が80万人を切り、1人当たりGDPでもどんどん順位を下げているとかです。円安で物価が上がり、食料、エネルギーの価格が重荷になるとか、いろんなことに国力の衰退が表れてきています。国を守るというなら内側も充実させていかないといけないし、そのための予算はきちんと使っていかないといけないと思います。

——そもそも子どもの数がこれだけ減っていたら戦争する能力だってあやしくなります。

山口　自衛隊も早晩人員を確保できなくなるでしょう。軍事大国ロシアのひどい状況を見ていると、やはり経済力は大事です。それと本来の意味での愛国心も。自分たちが帰属する社会にいかに愛着をもてるか、そこが問われている気がします。

――与党も野党もオール無責任体制のような政治になってしまったのは、どこで間違えたのでしょうか。

山口　一夜にしてそうなったわけではなく、いろんな政策選択の積み重ねの結果で行き着いたものです。そこに特効薬はないけれど、一つは、野党が責任感をもって政権構想を打ち出していくということが大事です。人気取りで消費減税とかを訴えるのではなく、国民に大きな見取り図を示し、もう一回政権をとる意欲を示すということを野党側がやるべきです。自民党内の実情はよくわかりませんが、次の総理総裁をめざす人たちがこの政治の体たらくは我慢できないと、かつての自民党リーダーの行動に学んで党内で論争なり権力闘争なりを仕掛けてほしいですね。

――政治の原点に戻るしかないということでしょうか。この状況を小選挙区制など選挙制度のせいにしてはいけませんか。

山口　「(今の小選挙区制などが) いい悪いということについては私も意見はありますが、そこにあまり時間とエネルギーをとられるというのは建設的ではないと思います。この制度のなかでもやれることはあります。かつて政権交代を担った政治家たちが「こんな世の中じゃあ死んでも死にきれない」と、もう一回チャレンジするしかない。僕はそう思っています。

（インタビューは2022年12月にオンライン版「論座」に掲載）

思い返せば、旧民主党の野田佳彦政権（2011～12年）は、将来世代に負担を先送りしないことをめざした政権だった。東日本大震災の復興費用の工面で、今を生きる私たち世代で負担しようと、薄く広く長期にわたって徴収する復興特別税を導入した。さらに野田首相は消費税10％への増税を自民、公明両党との与野党3党合意によって決めるという離れ業までやってのけた。

安倍政権はその3党合意という遺産を引き継いで、2度の消費増税を実施した。ただし長期政権のさなかに2度の増税延期もしている。

歳出の膨張も止められず、政府債務は雪だるま式の増え方が続く。それでも日本の財政が市場の信用を決定的に失わずにすんでいるのは、民主党政権が主導して決めた「消費税率10％」という遺産のおかげだという見方もできる。

藻谷浩介◉人口減日本の未来図は十分に描ける

一昔前なら日本経済が停滞する要因は、円高不況や産業競争力の衰退が理由にされることが多かった。一方、アベノミクスは、デフレが停滞の原因だとして金融緩和や財政出動が不足していることを問題視した政策だった。

そうした視点とはまったく違う「生産年齢人口の減少」という現象に最初に光を当て、政策論として初めて採り上げたのは藻谷浩介である。今の日本の等身大の姿、自画像を描いていくうえで人口減少と超高齢化という事実を避けては通れなくなった。

話題の著『デフレの正体』から10余年、そこで示した日本経済の診断や提言は生かされてきたのだろうか。当事者にその後の経過といまの思いを聞いてみよう。

●藻谷浩介・地域エコノミスト

もたに・こうすけ　1964年生まれ。1988年に東京大法学部を卒業。米コロンビア大ビジネススクール卒経営学修士（MBA）。日本政策投資銀行を経て、株式会社日本総合研究所主席研究員。平成大合併前の約3200市町村すべて、海外90カ国をそれぞれの地域特性を知るために私費で訪問。著書『デフレの正体――経済は「人口の波」で動く』（角川新書）は50万部のベストセラーに。他に『和の国富論』（新潮社）、『世界まちかど地政学――90カ国弾丸旅行記』（毎日新聞出版）など著書多数。

――経済を動かすのは景気の波でなく、人口の波だという藻谷さんの発見は今では賛同者も多いですが、2010年に『デフレの正体』を発表した時には多くの批判があったそうですね。

藻谷　商業統計を調べていて、生産年齢人口の減少と消費停滞の連動に気づきました。でも当時は少なからぬ経済学者らが「人口とデフレは無関係だ」「人口減で供給力が落ちるならむしろインフレ要因になる」などと反論してきました。真の病因が特定できなければ誤った治療法に迷い込んでしまうと考えて提言したのに、古いセオリーを丸暗記していると、眼前の現実が見えなくなるのでしょうか。

――2010年といえば、日本は中国に国内総生産（GDP）で抜かれ、半世紀近く続いた世界2位の経済大国の座を失ったタイミングです。人口減と経済大国からの転落。二つのショックがその後、日本全体に悲観的な空気を広げていったと思います。

藻谷　世の中に何となく漂っていた不安の正体を突き止め、指し示すのが狙いでしたが、結果的にショックを助長することになったのかもしれません。でも私は過度な悲観は無用だし、打つ手はあるとも訴えてきました。たとえば若者の賃上げとか、女性就労、外国人観光客の誘致などの内需底上げ策がそうです。

――その後もすぐに人口減少問題は政策の焦点にはなりませんでした。その後に発足した第2次安倍政権は、むしろ「デフレの原因は金融緩和が足りないからだ」という方に焦点をあてて、日本銀行にインフレ目標を掲げさせ、異次元金融緩和をやらせるようなことになりました。

藻谷　私が唱えた「人口原因説」に最も強く異論を唱えてきたのが、アベノミクスを支持するリフレ論者たちでした。「金融緩和で物価や株価を上げれば、消費も増える」という彼らの空論を信じ込んだ安倍元首相は鳴り物入りで異次元緩和を日銀にやらせました。その結果、株価は急騰しましたが、肝心の消費は私の本で予言した通り、ほとんど増えませんでした。

――アベノミクスの「人為的にインフレを起こす」という処方箋は見当ちがいだったということですね。

藻谷　1980年代後半のバブル経済の後の20年間の金融緩和で、10年前にはお金の量は3倍になっていましたが、それでも効果がなかったのですから、アベノミクスの結果は最初から明らかでした。本の発刊後に、小野善康・大阪大特任教授のいわば「預金フェチ（偏愛）」説を知って、いっそう理解が深まりました。現役世代は所得を消費に回しますが、高齢富裕層は欲しいものがなく、消費より貯金が快感になってしまっています。こうした預金フェチの人にため込まれてしまうので、金融緩和や財政刺激をしても需要は伸びないのです。

――コロナ禍のもとでもモノが足りなくなる供給ショックは、マスクなど一部を除けば起きませんでしたね。

藻谷　経済学の祖アダム・スミスの生きた18世紀なら、感染拡大下で働き手が足りなくなり、供給力が落ちたかもしれません。でも今はこんな事態にな

藻谷浩介氏　撮影・朝日新聞社

ってもモノ不足にはならない。ロボットなどの進化によって生産力は補完され大きくなりました。太陽光エネルギーのような技術革新もあって資源制約も受けにくくなりました。人類は巨大な供給力を手に入れたのです。一方で消費が盛んな生産年齢人口が減っているうえに、お年寄りはお金を使わないから消費数量は減ってしまうのです。

――問題は生産力ではなく、需要をどう増やすか、ですか。

藻谷　需要なき生産拡大は値崩れを起こすだけです。（現在主流の）生産に重きを置く経済学の枠組みは時代遅れです。人口成熟のもとでの成長の条件は、現役世代の所得が増え、人口当たりの消費額、時間当たりの消費額が増えることです。

――消費が増えない背景に、政府の財政悪化の影響はありませんか。人々が将来の増税を予想し、将来の生活を心配してしまうからです。

藻谷　影響はあるでしょう。政府が返済計画の立たない借金を積み重ねる姿には、社会の病理を感じます。だから当然ながら財政規模は肥大化してきましたが、内需はほとんど増えていません。さらなる財政拡大を提唱している、最近はやりのＭＭＴ（現代貨幣理論）論者たちはその事実を見ていません。

――このまま財政を維持していけるとはとても思えません。

藻谷　日本の経常収支の黒字の規模はコロナ禍が起きた2020年も世界3位でした。これが続いて財政赤字を国内資金で賄えるうちはいいのですが、戦争や天災など何らかの理由で金利が急騰したら、巨大な借金を抱えた政府機能は即刻止まってしまいます。そうでなくとも南海トラフ地震は近未来の発生が想定されていますし、豪雨災害も続くでしょう。いざ本当に財源が必要な時のための備えがどうしても必要です。

世界に先駆け超高齢化、でも子どもは増える

――いま備えるべきことは何ですか。

藻谷　やれることはたくさんあります。たとえば自然エネルギーや、国内産の食料・飼料の生産を増やして自給率を上げて、輸入額を抑えることです。日本の農業がまだ試していない技術革新の材料はいっぱいあります。世界には降水量、日照量、土地などの好条件がそろわない国が多いなかで、実は日本にはそのすべてがあります。現在4割ほどの自給率を6～7割にすることは十分可能です。それに生産年齢人口が減ったとしても、AI（人工知能）とロボットによる省力化でこれも乗り越えられるはずです。

――本来、長寿大国は誇るべきことなのですが、最近は先々の生活資金面から長生きに

不安を抱く人が増えています。これも消費を控える要因ではないですか。

藻谷　高齢者の多くが金銭面の不安を抱えているのは確かですが、一方で高齢の富裕層が膨大な金融資産を抱え込んでいる現実もあります。持てる高齢者が生涯使わない貯蓄の一部を、持たざる高齢者の生活資金に回す。それだけで若者に負担をかけずに事態は改善できるはずです。年金は、現役世代の保険料で今の高齢者の年金原資を賄う「賦課方式」になっています。これを制度通り運用して支給額を減らし、貯金のある間は取り崩して生活してもらうようにする。他方で、生活保護制度の運用を改め、貯金の尽きた高齢者がすぐに生活費を受給できるようにする。そうすれば、受取額が年金より多くなる人も増えます。全体でみれば財政負担は減り、消費は増えるでしょう。

――人口減で過疎化がより進めば、地方が滅びてしまいませんか。

藻谷　人口減の理由は少子化です。だから、むしろ過疎自治体の方が生き残る確率は高いと思います。こんなデータがあります。2020年までの5年間に0~4歳の乳幼児人口が増えた過疎自治体は100以上ありました。逆に首都圏1都3県は、地方から親世代となる若者を集め続けたにもかかわらず5%減です。出生率の低い大都市圏の日本人は、生物集団として見ればすでに絶滅に向かう状態です。3人以上産んでも普通に暮らせる職住環境がないと、人口は維持できません。東京ではとても無理です。でも人口が数百人規模の過疎集落なら可能かもしれない。それにコロナ禍のような状況下では、密集度が低い田舎の方が感染リスクが低く、安全・安心な場所でした。

――藻谷さんが提唱していた訪日観光客の誘致は、コロナ禍がなければ年間４千万人が見込まれるほど順調でした。でもそれは円安のおかげであって、見方を変えれば一種の「日本の安売り」だったのではないですか。

藻谷　必ずしもそうとは言えません。16年から為替は円高方向に戻りましたが、訪日観光客数はむしろその後、急増しました。日本には国際観光地としての絶対的な優位性があるのです。地図アプリの衛星から見た世界地図をご覧いただくと、よく分かります。日本と同じ緯度、同じ経度をぐるっと1周してみてください。緑の山と青い海に恵まれた日本がいかに例外的な場所かわかるでしょう。世界から見た日本の自然や環境は、四季折々に訪れたい庭園のような場所なのです。しかも、とびきりおいしい食事までできる場所なのです。

問題は日本の観光政策が、客数だけを目標に安売りに走ってしまったことです。コロナが収束すれば外国人観光客は黙っていても再び増えるでしょう。それはデータからも予想できます。19年には豪州人の39人に1人、台湾人の5人に1人が日本を訪れました。米国（187人に1人）や中国（143人に1人）からも豪州や台湾並みに訪れるようになったら、とても対応できないほどです。東南アジアや欧州からの訪日客だってもっと増えるでしょう。だから客数を増やす目標はもうやめた方がいいです。日本経済の付加価値を効率よく高めるためには、中長期の滞在客に地場産品をより消費してもらう。そういう戦略に転換すべきです。

——中国も2014年に生産年齢人口が減少に転じました。22年には総人口が減少に転じる見込みです。いまは驚異的な成長を見せる中国ですが、近い将来、日本と同様に停滞の道をたどるのでしょうか。

藻谷　中国では高齢者が爆発的に増加しており、少子化も止まりません。20年遅れで日本を後追いしている感じです。日本や世界が中国の消費に依存して成長するのは早晩難しくなっていくでしょう。日本はかつて労働力不足の穴埋めに日系ブラジル人を呼び集めました。中国も同じように東南アジアに広がっている華僑を呼び集めざるを得なくなると見ています。

——そのころ日本はどうなっていますか。

藻谷　主要国で最初に65歳以上人口が増えない時代を迎えるはずです。すでに全国約1700自治体のうち、過疎地を中心に300近い自治体で70歳以上人口が減り始めました。こうなれば福祉予算を減らして、子育て支援に予算を振り向けられるようになります。それで子育て環境が整えば、子どもが増え始めるでしょう。私はそう予測しています。

（インタビューは2021年7月に朝日新聞に掲載）

第4章

エリートの背信が国民益を損なう

第2次安倍政権が2012年末、リフレ政策（その後、アベノミクス、異次元緩和と呼ばれるようになった）をひっさげて発足したとき、霞が関の官庁街では、官僚に厳しい民主党政権から自民党に政権が戻ったことを歓迎する空気が強く、そちらが先に立って安倍政権のリフレ政策に関心を抱く官庁は必ずしも多くないように見えた。私が知る限りでは、アベノミクスに批判的な意見が目立ったのは財務省や日本銀行など、マクロ経済政策を担う政策当局の幹部たちくらいだった。

金融緩和のレベルを上げるよう直接圧力をかけられた日銀、国債市場や外国為替相場の安定に直接かかわる財務省の幹部たちは、大いに危機感を募らせていた。このままつっこめば日本経済に何か不測の事態を招きかねない。それほど危うい政策だと受け止められていた。

とはいえ、総選挙で国民の信任を得た政権が「一丁目一番地」で掲げる政策である。安倍は選挙期間中も「日銀に量的緩和をもっと激しくやらせる」と遊説で繰り返し公約していた。その安倍が首相となって政府の公式な指揮系統で政策を発動させるのだ。財務省や日銀の幹部たちがかんたんに否定することなどできない相談だった。

日銀が紙幣を刷りまくって国債を買い上げる。それによって国債価格は上昇し、長期金利は低下する――。一見すると景気刺激的だし、大量の国債消化にいつも苦労している財務省にとっては国債管理政策で助かる面もある。

ただ、そのような「財政ファイナンス」まがいの政策が金融市場でどこまで続けられるだろうか。海外勢がこんなやり方を黙って見逃すだろうか。国債市場に何か予期せぬ事態が起きないか。仮に日銀が国債を買い支えて国債市場の暴落は防げたとしても、それによって通貨円の信認を失うことはないか。およそ持続可能な政策とは考えられなかった。だから財務官僚たちはさまざまな可能性を想定し、深く心配していた。

とはいえ、いまさら安倍官邸にそれを見直すべきだと掛け合ったところで、耳を貸すはずはない。もともと安倍は財務省嫌いなのだ。だから財務省幹部たちは多くの疑問と懸念を抱えつつも、それを飲み込んで、政権方針に黙って従うことにした。

このころ、財務省のある局長は悲壮な表情で私にこう語っていた。

「サイは投げられた。こうなったらやるしかないよ」

「白」と「黒」のはざまで揺れる日銀

そのころまさにアベノミクスのエンジンとなる役割を申し渡された日銀でも、組織的な動揺が広がっていた。リフレ政策に賛同することで安倍から日銀総裁に指名された黒田東彦が2013年3月、日銀総裁として着任した。4月の最初の金融政策決定会合で、黒田はいきなり「2年で、2%物価目標を達成する」「そのためにマネタリーベースを2倍に、国債買い上げも2倍にする」という異次元緩和策を提案し、決定した。

記者会見ではご丁寧に公約の「2」が四つ並んだ、異次元緩和の説明ボードを用意して、黒田がみずからそれを使って説明した。

「2%/2年/2倍/2倍」と数字を並べることが先にありきとも思えるような、あまりにゴロが良すぎるこの政策パッケージを立案したのは、当時の企画局長の内田真一だ。その後、企画担当理事となってマイナス金利政策や長期金利操作の企画・設計にも携わり、黒田日銀の異次元緩和を雨宮正佳副総裁とともに支えた。内田は植田日銀で副総裁としてそのまま金融政策の中枢に残ることになった。

内田のような経歴はきわめて特殊だ。白川日銀で企画立案を担いながら、その路線を否定することから始まった黒田日銀の体制でも政策のど真ん中にいた。さらに、その黒田の異次元緩和からの出口政策がおそらく最大の課題となる植田日銀で、こんどは副総裁として中枢に陣取る。おそらく内田にとっては、さほど矛盾したことではないのかもしれない。

時の政権のもとで「機能」として求められている仕事をこなしているだけだ。日銀内では「究極のテクノクラート」との評がある。

ただ、日銀職員のなかには、やすやすと政権の「機能」に徹することに抵抗を感じる者も少なくなかった。黒田体制となって、日銀内には自由に政策論議をしにくい雰囲気が漂っていた。リフレ政策に批判的だった元総裁、白川方明時代の方針をおおっぴらに支持することははばかられたのである。

そこで職員たちは白川支持派を「白」、黒田体制に付き従ってリフレを支持する者を「黒」と隠語を使って呼ぶようになった。「黒皮を一皮めくれば白かった」とか、「白と黒、どっちつかずのゼブラ党」だの、行内の雰囲気の悪さを職員たちが川柳のような言いぶりで自虐的に語るようになった。

日銀OBたちには「このままでは金融政策も日銀組織も壊れてしまう」という強い危機感が広がった。黒田日銀が発足したすぐ後、ある有力OBは「現役幹部たちはポストを追われることになってもはっきり総裁に抵抗すべきだ」と強く訴えた。その声は現役職員らの耳に届いた。だが、当初は異次元緩和に反対意見が多かった日銀組織内でも、いつしかそうした声は小さくなっていった。それは、なぜだったのか——。

門間一夫◉「効果なし」でも、やるしかなかった

最初からうまくいくとは思えなかったが、政権と日本社会による「日銀包囲網」のなかではやるしかなかった――。当時をそう振り返るのは、元日銀理事の門間一夫である。異次元緩和の10年について「本音の総括」をしたインタビューをご覧いただこう。

●門間一夫・元日本銀行理事

もんま・かずお　1957年生まれ。東京大経済学部を卒業し、1981年に日本銀行に入行。米ペンシルベニア大ウォートン校経営大学院MBA取得。日銀では調査統計局長、企画局長を歴任。白川方明総裁のもとで金融政策担当理事として、政府・日銀の「共同声明」案づくりも担当した。黒田東彦総裁のもとでは国際担当理事としてG7、G20などの国際会議を補佐した。現在はみずほリサーチ&テクノロジーズ・エグゼクティブエコノミスト。

――日銀総裁になる植田和男氏への評価は？

門間　期待したい。経済学のバックグラウンドはしっかりしているし、日銀の審議委員を7年務め、その後も常時、日銀とはコンタクトがある。だから現状の日銀の課題もよくご存じで、説明がわかりやすいのでコミュニケーションもうまくいく可能性が高い。英語もうまいし、日本国内だけでなく海外に向けての情報発信も非常に上手なのではないですか。

――新体制にとっては、国債市場を混乱させる原因となっている日銀の「イールドカーブ・コントロール」（YCC＝長短金利操作）をどうするのかが当面の課題です。市場でも早晩撤廃されるだろうとみている人が多いようです。植田氏も以前、論考のなかで「微修正がきかない政策」だと指摘していました。だとすると早々に撤廃する可能性もあるのでは？

門間　同感です。理屈はそうです。「時間をかけて見直す」なんて言えません。出発点で変えるのがベストだと思います。ただし、簡単ではないのでできるかどうかはわかりません。

――門間さんは著書やインタビューに答えて「異次元緩和は最初から効果がないとわか

門間一夫氏　撮影・原 真人

っていたが日銀はやるしかなかった。しかも全力でやりきるしかなかった」とおっしゃっています。たいへん正直な説明ですが、つまりそれは、日銀が生き残るために日本経済を犠牲にした、ということではないのですか。

門間　それはちょっと違うと思います。日銀が生き残るためというより、中央銀行への信頼がない状態は国民にとって不幸だということです。国民とか有識者の大方が支持する政策を、日銀が「やらない」と押し切ることの問題があります。国民にとって信頼できる中央銀行であるかどうかということそのものが、国民のアセット（資産）ですから。

もう一つは、日銀が全力を出してデフレに向けてできることを全部やりきる、というところまでいかないと、構造改革がより重要だという議論にもっていけません。「金融緩和が中途半端だから日本が成長しない」という間違った議論がなくならないからです。経済論壇に議論の整理をしっかりしてもらう環境を作る意味でも、日銀にはまだできることがある、という余力を残しておくのはいいことではないと思います。

——日銀の本音として、きわめて正直な説明ですね。日銀の現職幹部たちも以前ならそんなことは口が裂けても言いませんでしたが、門間さんが最近そういう説明をメディアでするようになったためか、同じ趣旨のことを言うようになりました。

門間　私は最初からそう思っていましたよ。それ以外に（異次元緩和を）やる理由はないですからね。日銀の政策によって（物価目標の）２％になんかならないし、日本経済が良くなるなんて思っていませんでした。

——それは日銀内で共通した理解だったのですか。

門間　この議論はもともと１９９８年からありました。そのころはそうでしたね。２０００年10月に日銀政策委員会が『物価の安定』についての考え方」という文書を公表していますが、そこに「物価の安定というのは数値では表せない」とはっきり書いてあります。だから物価目標はもたない、と。それが日銀の正式見解でした。ところがそこから15年間、それが世の中には受け入れられませんでした。そして13年の異次元緩和へと向かうわけです。

——黒田東彦総裁のもとで日銀は宗旨替えした、と？

門間　というよりも世間の議論を受け入れながらでないと日銀も政策運営が難しいので、徐々に変えてきたのです。日銀は06年、「中長期的な物価安定の理解」として、消費者物価指数伸び率0～2％程度という数字を示し、12年には「中長期的な物価安定の目途」として当面は1％、最終的に2％以下のプラスをめざすことにしました。それに沿って同じ年の10月には当時の与党・民主党とのあいだで共同文書も出しました。

さらに安倍政権になった翌13年1月に共同声明になり、4月に黒田総裁が異次元緩和を始めました。突然そうなったわけではなくて、15年間のあいだに徐々に変わってきて、行き着いた先が異次元緩和だったということです。

リフレ論を本当に信じていた黒田総裁

――黒田日銀は発足時に「2年で2％インフレ目標を実現する」と宣言しました。この短期決戦は不利なゲームであり、しかも日銀が本気度を示し続けないといけない。最初からそうわかっていた、と門間さんは指摘しています。だとすると、黒田総裁は本気で2年で2％目標は達成できると信じていたのですね。

門間　たぶんそうだと思います。

――単純にお金を増やせば景気が良くなるという貨幣数量説のリフレ派だけでなく、人々の物価上昇への期待を高めればインフレが起きるという「期待派」も広い意味ではリフレ派です。だとすると黒田さんはまちがいなくリフレ派ですね。

門間　議論はあるでしょうが、そういう分類をすればそうなるでしょうか。

――日銀は植田新総裁のもとで、これからどうしたらいいでしょうか。

門間　2％目標が（持続可能な状態で）達成できるかどうかによって道は分かれます。それが判明するのは今から1～2年後になりますが。そこでもし本当に2％目標が実現できるなら、「異次元緩和が効いた」という誤った理解を残しかねない点は問題ですが、日銀としては淡々と出口に向かえばそれでいいです。

しかし達成できなかったら、2％物価目標そのものについて総括的に検証し直す必要が出てきます。エネルギー価格、資源高などの影響で40年ぶりのインフレとなり、春闘では3％くらいのけっこう高い賃上げとなりそうです。これほどのプラスのショックがあっても、なお持続的な2％インフレが実現できないのだとすれば、これは本当にできないのだなということになります。日銀は16年の「総括的検証」より何倍もまじめに検証すべきです。

――日本がデフレだったと言われますが、30〜40年前からインフレ率は米国のほうが日本よりずっと高い状態です。インフレ率の日米差がある状態はおかしなことですか。

門間　おかしくないです。

――放置しておいてもいいのですか。

門間　私はいいと思います。でも世の中はそうではなかった。

――近年の「デフレ問題」という設定はおかしかったと思います。80〜90年代前半にはむしろ日本の物価が高い「内外価格差」が社会問題となり、その是正が社会的課題でした。物価をもっと下げろ、と。それが10年前には議論が逆転し、物価を上げろという議論になりました。何かおかしいですね。

門間　私もそう思います。それがおかしいと日銀が国民を説得できなかったということです。

――それを受け止められなかったエコノミストやメディアが愚かだったのでしょうか。

門間　そうではありません。人間の認識というのはその時代その時代の思想、哲学、経験などによって形成されるものです。そういう議論がおかしいと思っていた私が少数派だったのであって、時代の大きな流れのなかでできあがった思想を受け入れた多くの人たちのことを愚かとは言えません。むしろ私のような人間の方が変人なわけです。変人が普通の人たちを説得できなかったということです。

安倍政権と白川日銀は2013年1月、デフレ脱却からの早期脱却と物価安定のもとでの持続的な経済成長の実現に向けて、政策連携を強めるために「共同声明」を発表した。この文書で「日銀は物価安定の目標を消費者物価の前年比上昇率で2%とする」「金融緩和を推進し、これをできるだけ早期に実現することを目指す」と明記した。

実は安倍政権は当初、白川総裁に対し、2%目標の達成期限を「2年以内」と明記するよう求めた。しかし白川は「絶対に受け入れられない」と強く拒み、最終的に「できるだけ早期に」という表現で決着した。ところが黒田が総裁に就くやいなや「共同声明にもとづいて2年で」と目標期限を設けるように読み替え、異次元緩和に乗り出したのである。

白川総裁とともに共同声明づくりに携わった門間の説明を聞こう。

日銀を縛ったのは共同声明でなく「空気」

——植田日銀にとっては「2％目標」を示した政府・日銀の「共同声明」の見直しも焦点となります。

門間　日銀は、最初は2％をめざして全力で緩和を進めるしかありませんでした。ただ、問題はこの期に及んでいまだに2％目標というものに重点が置かれすぎていることです。いま起きている国債市場の機能低下とか、市場とのコミュニケーションがうまくいかないといった問題は、日銀が2％に固執するあまり起きていることです。

22年に急速な円安を招いたのもそれが原因でしょう。2％目標も大事かもしれないが、もっと他のこともバランスよく考えたほうがいい。目標そのものを変えられないのなら、それを掲げながらも、もうちょっとウェートの置き方を軽くする認識を政府と共有できれば、それはそれで意味のある変更になります。たとえば共同声明にこんな一文を入れればいいと思っています。

「経済金融情勢の観点から適切と判断される場合には2％物価目標にかかわらず政策を調整する」。そう明示的に書いてしまえば、目標を達成できなくても、いまの経済情勢とか、完全雇用になっているとか、為替が急激に変動しているとか、他の理由で金利を上げることもできるわけです。それができれば、日銀の政策は格段に良くなるでしょう。

――共同声明づくりには当時、門間さんも日銀理事としてかかわりましたね。そのときは、安倍政権の厳しい要求にもぎりぎりのところで踏みとどまり、「2%」を絶対目標にしませんでした。日銀の政策の自由度もある程度は保っていたはずです。ところが黒田総裁が勝手に「2年で」と言ってしまった。共同声明では実はそこまでは求めていないので、今のままでも問題ないのではないですか。

門間　理屈の上ではそうです。日銀がみずから変わればよいだけのことです。でも共同声明を変えることで日銀も変わりやすくなる可能性はあります。ご指摘のとおり、異次元緩和は共同声明で書かれている以上のことをやっています。共同声明には「金融緩和を推進」としか書いていないが、黒田総裁は最初の金融政策決定会合で「量・質ともに次元の異なる緩和を行う」と公表しました。「次元の異なる」なんていう表現は共同声明にありませんよ。共同声明があるから異次元緩和をやったのではなく、それ以外の力が働いたのです。

形式的には黒田総裁が勝手にやったということになりますが、その黒田総裁の任命も含めて政治の力が働いており、さらにその外側にそれを是とする世の「空気」があったわけです。だから、そうした過去の「空気」に対抗しうるような一文を明示的に入れるのであれば、共同声明の変更も一定の意味を持つと思います。

――なるほど、空気に突き動かされた、というのは雰囲気としてよくわかります。

門間　いま日銀にとって防衛ラインになっているのは共同声明に「金融面の不均衡などリスク要因を確認し、問題のないことを確認していく」という文章が入っていることです。しかしこれでは弱い。（正常化しようとする際に）金融面の不均衡と言うほどのことじゃない、と言われればおしまいだからです。

たとえば22年の急速な円安にしても、日本経済の持続的な成長を危うくするほどの不均衡ではない、と言われればそれはそうかもしれない。もう少し幅広く、さまざまな事情を勘案して政策を柔軟に運営できるようにするには、それを可能にする一文を明示的に入れる必要があります。そこまでやるとすれば、共同声明の見直しには意味があります。

のちのち「政策ミス」とつっこまれない修正が必要

――日銀が22年12月、イールドカーブ・コントロール（ＹＣＣ）の10年金利誘導目標をプラスマイナス0・25％から同0・5％に変更したことについて門間さんは「謎の決定だった」と言っていますね。一つの仮説としては、かたくなすぎると批判を受けていた黒田総裁が、後継を自分の路線を引き継いでくれそうな雨宮正佳副総裁にするための援護射撃だったとは考えられませんか。

門間　うーん、雨宮さんは「総裁になるつもりはない」と言っていたようなので、それはないんじゃないでしょうか。（日銀を辞めている私に）本当のところはわかりません。ただ、22年の円安騒ぎも含め、日銀の硬直性が非常に批判されたことに対し、一定の「答え」を出そうとした面はあったのではないかと思います。実際、岸田文雄首相も22年秋までの日銀の対応についてはあまり好ましく思っていなかったと言われています。日銀もそのさなかに修正するのは難しかったでしょうが、いったん騒ぎが収まりかけたところで「懺悔の修正」をしたということだろうと思っています。

しかもそのとき債券市場の機能が著しく悪化していたので、ダメ押しで日銀が批判されてしまう可能性がありました。それを避けようとしたのでしょう。あれだけ債券市場の機能が悪化したらダメです。修正で円高方向に戻す流れを後押しできたので、日銀も「やれやれ」と思ったのではないですか。

――投資ファンドから攻撃されることは十分予測できたはずですよね？

門間　それがどれくらいわかっていたか、そうなっても仕方ないと考えていたのか、攻撃されても次の弾はあると考えていたのか、私にはよくわかりません。1月に導入した（YCCを守る補完手段である）中長期の共通担保オペというのも、ふつうは使わない手段です。

いずれにせよ12月の修正をきっかけに、それを使わなければいけなくなるくらい市場機能が低下し、市場とのコミュニケーションも成立しなくなりました。これは日銀が国債を大量に買っていること自体の弊害ではなく、YCCという手段がもたらしている弊害です。したがってYCCさえやめれば良いのです。

――日銀が一度でも利上げに動けば、あとで失速した場合、「早すぎた利上げ」だと批判されかねないと指摘されていますが、今後もそうですか。

門間　YCCの撤廃は利上げではない、という理解を世に浸透させるのが植田新総裁にとって一番大事なところです。

――利上げが早すぎれば批判されるリスクがある、でも引きずれば引きずるほど後で長期金利を一気にあげなければならないリスクが高まる。門間さんはそう指摘していますが、矛盾する要請です。もともとそうならざるを得ない政策だったということですか。

門間　そういうことです。ＹＣＣというのはそういう矛盾をはらむ厄介な枠組みです。ＹＣＣについて植田日銀は、利上げではない、金融緩和の後退ではない、物価が上がってきたからやるのではない、ということを明確にしながら撤廃する必要があります。あくまで起きている副作用を軽減するための枠組み変更であって、そろそろ金融緩和を縮小しようとか出口に一歩進もうとかいう話では全然ない、緩和自体はまだまだ必要なのだ、と世の中にしっかり説明して理解してもらうことが大切です。

のちのち「政策のミス」と言われないためには、論理をしっかり組み立て、マーケットにも国民にも政治家にもわかる説明をしなければなりません。

植田新総裁の最初の政策決定会合となる4月にＹＣＣを撤廃するのがベストですが、それはあくまで今言った条件付きです。後で一部のメディアが「あれは拙速だった」と批判したとしても、いやそういう話ではないという日銀の主張の方に分があると、世の大勢に受け止めてもらわなければなりません。少なくとも政権与党には「日銀は正しいことをやっている」と言ってもらえるようにしなければいけません。

00年に日銀がゼロ金利を解除したときには、政権与党が議決延期請求権を政策決定会合に出してきて反対と言ったわけです。日銀はそれを押し切って解除しました。だから解除して失敗すれば、政府から「早すぎた」と批判されるのは当たり前です。今回は、あくまでも枠組みの変更であって緩和の後退ではない、と政府に理解してもらわないといけない。難しいことですが、できるはずです。

門間は、黒田日銀の10年について異次元緩和がうまくいかないことは予測できたが、やることは避けようがなかった、という立場である。どういうことなのか。

「金融市場は支配できる」という黒田のおごり

――日銀が理想的なイールドカーブや長期金利を「コントロール」する、と言ってしまったのは日銀のおごりだったのではないですか。もともと日銀は「中央銀行に短期金利はコントロールできるが、長期金利はできない」と言っていたのに、なぜ急にそうなってしまったのか。

門間　私も日銀がYCCを持ち出してきたとき、本当にびっくりしました。本当に、です。これをやるのか、と。さすがにこれはやらないだろうと思っていました。

そのときには、日銀が「総括的検証」で80兆円の国債買い入れは維持するが「市場の状況に応じて弾力的に行う」といった自由度の高いやり方に修正し、当時問題だった長期金利の下がりすぎ問題を和らげるのだろうと予想していました。

これはコントロールという言葉に「おごり」があったとかいう問題ではありません。一定の長期金利水準を明示的なターゲットにすると、のちのちの修正や出口の際に非常に難しい技術的な問題に直面するので、よく踏み切ったなという意味で驚きだったのです。

ちなみにやはり長期金利操作を導入したオーストラリアの中央銀行は「イールドカーブ・ターゲット」(YCT)と言っていました。ターゲットでも、やることはコントロールと同じです。その豪州中銀は出口で大失敗しました。そのくらい無理のある政策です。

——日銀幹部は後に「やってみたら長期金利を操作できることがわかった」と説明していました。

門間　まあ、コントロール自体は今でもできているといえば、できているわけです。ものすごい量の国債を買って。ただし、今の状況で問われているのは「コントロールすべきかどうか」です。雨宮副総裁も17年の講演で、コントロールできるかどうかという問題とコントロールすべきかどうかという問題の二つがある、と言っていました。そして当時は

「今のような非常時にはコントロールすべきだ」と。しかし今は非常時ではありません。コントロールすべきではないということになるはずです。

――さきほど話に出た00年のゼロ金利解除も、06年の量的緩和の解除もいずれも「日銀の失敗」と総括されました。しかし本当に失敗でしょうか。金融政策は可変であり、いちど引き締めても経済状況が変わったら、またすぐに緩和すればいい。それだけの話ではないですか。

門間　政府が「あれは間違いだった」と認定したわけですし、世の中にはそう考えている人が多いですね。

――日銀がみずから「間違えた」と言ったからでしょう。米国で13年に起きた「バーナンキ・ショック」（量的緩和の縮小を示唆）について、日銀の人たちは「あれも間違いだった」と言っています。これもおかしい。米FRBは量的緩和からの出口戦略をその8カ月後に始めますが、バーナンキ・ショックがあったからこそ、出口戦略を市場に織り込ませることができました。そういう意味があったのに「失敗」と断じてしまえば、歴史認識がゆがんでしまいます。

門間　それはそうかもしれませんが、いずれにせよ世の中が00年のゼロ金利解除は誤りだったと認識しているところに重さがあるのです。歴史とは人々の認識が作るものです。今の時点で「あれは間違いではなかった」と日銀が言ったところで、意味のある反論にはなりません。

——歴史認識が誤っていたら、また同じ過ちを繰り返してしまうじゃないですか。

門間　それが「過ち」なのかどうかも、そのときその社会の大勢の認識で決まるものです。少なくとも今この時点では、00年のゼロ金利解除は誤りだったと多くの人々に認識されているという前提で、日銀は今後の政策の決定や説明を考えていかなければなりません。それを無視して、たとえば2％物価目標が達成できなかった場合、「日銀は二十数年前のレッスンを学んでいないのか」と言われてしまう。何が正しいかよくわからないことは多数決が力を持ちます。民主主義社会ですからね。

——アベノミクスの評価もそうですね。経済界の多くの人たちは「アベノミクスは正しかった」と今でも思っているようです。円安・株高をもたらしてくれたと。その因果関係は必ずしも正しいとは言えません。でもそういう印象だけが残っている。このままではまた同じことを繰り返しますよ。

門間　そうかもしれません。でも最近は、行きすぎた円安に対して「よくないんじゃないか」という論調も増えてきています。アベノミクスの初期のころとは（世論も）違ってきました。それに（アベノミクス当初の）あの時は1ドル＝70円台まで行った過度な円高のあとに円安になったので「良かった」ということになっているわけで、近年の「安いニッポン」の円安までいいと言っている人はあまりいないと思いますよ。

——とはいえ、そこで始まった異次元緩和が最後はYCCにまでつながっていったことを思えば、やはり最初のボタンの掛け違いが尾を引いたわけですよね？

門間　たとえ最初に多少の無理があったとしても、それが尾を引くことのないように、日銀はリスクマネジメントに努めてきたと思います。私はYCCという具体策には賛成できませんが、16年にマイナス金利政策を導入した後の日銀は、副作用対策にも意を配ってきました。それ以来、日銀がいろいろおこなってきた修正はぜんぶ副作用対策です。

16年9月初め、YCC開始直前に、黒田総裁が初めて（異次元緩和の）メリット、デメリット両方について言及しました。そこからの日銀は異次元緩和の弊害が大きくなるのを防ぐため一所懸命やってきた、副作用が大きくなっていくのをギリギリで止めてきた、というのが私の評価です。

ただしその点は人によって評価が違います。「とんでもないことを10年も続け、財政規律をなくし、ゾンビ企業を生き残らせてしまった」という厳しい評価をしている日銀OBやエコノミストもいます。私はそこまでの弊害はなかったと思っています。

うまくいかないことは十分理解していたが日銀はやるしかなかった——正直にそう話す門間に対して、日銀の現役幹部たちの反応はかなり複雑である。

ある幹部は私にこう言った。

「門間さんの解説はずるい言い方だ。僕は成功と失敗の確率は半々だと思っていた。ただ、門間さんが言うように、異次元緩和をやっていなければ、日銀はひどい批判を受けていただろう。白川総裁のときの世間からの日銀批判はひどいものだった。あの状況ではそれしか選択肢がなかったのは確かだ」

門間の解説にも真実はある、ただ我々がやってきた理由はそれだけではない——という思いが彼らにはある。私はこの日銀幹部に、門間に対する質問と同じ問いかけをした。

結局、日銀が生き残るために日本経済を犠牲にしたのではないのか？

彼の答えはこうだ。

「原さんの言うことも非常によくわかるし、政策についての考え方に賛同するところもある。だが、あなたの方が我々より民主主義の機能を信じていないのではないかとも思う。私たちのようなカギかっこつきの『日銀官僚エリート』には絶対に『国民のほうがまちがっていて、我々が正しい』なんて言えるはずがない。そんなエリート主義にはなれない」

そうなのだろうか。時の世論の大勢に逆らってでも正論と思うところを訴えることは、国家のエリートの務めだったはずだ。もはやそんな時代ではなくなったのだろうか。それは民主主義とも相いれないことなのか。

この問題について、別の日銀幹部にも聞いてみた。

この幹部は「金融政策というのは高度にいろんなことを考えながらやっているから、どちらが正解で、どちらが間違いとは一概に言えない」と言った。

「曲がりなりにも国会が、判断能力のある立派な人たちだ、と判断して日銀の政策決定会合メンバー9人を選んでいる。その決定会合で決めたことに問題があるからといって、他に正解があるということにもならない。他の人間なら別のもっとすばらしい答えが導き出せるということにもならない」

ちょうど22年夏、東京電力の旧経営陣を被告とする原発事故訴訟で、被告には判断ミスがあったとして13兆円の賠償金を払う判決が出たばかりだった。日本の訴訟としては驚くべき判決だった。

では、日銀の政策決定会合メンバーも東電の旧経営陣と同じように、「500兆円規模の国債購入、30兆円超の株式買い上げで多大な損失を国民に与えた」という訴訟を起こされることはありえないのか。そのとき日銀はどうするのか――。

この疑問に、件の幹部はこう答えた。「東電の場合は明らかな役員の過失が証明できたのだろうが、金融政策にそれはおそらく、できません」

金融政策とは、正解なのか、そうでないのか、裁判で判断できないほどあいまいなものだということか。門間インタビューの続きに戻ろう。

供給力さえ維持していれば財政破綻しない

――黒田日銀は500兆円近い国債を買い上げ、事実上の「財政ファイナンス」をやってきました。これは、とんでもないことではないのですか。

門間　金融機関の収益源を吸い上げたということで言えば、とんでもないことです。ただ、別に財政規律に関連する話ではありません。ましてや、それで日本がダメになるとか、いずれ円が暴落するとか、そういう話ではぜんぜんないと思います。

——いずれ円が暴落するリスクはないのですか。

門間　戦争や自然災害など他の理由で暴落する可能性を否定はしませんが、日銀が国債を500兆円持っているという理由で暴落することはありません。

——このまま続けていたら、日銀の国債保有シェアは現在の5割から6割7割と増えていく可能性もあります。そうなったときに日本の財政の持続可能性が疑われませんか。

門間　6割7割になるかどうかわかりませんし、仮になっても、どういう理由で7割になったかによると思います。その国の基礎的な強さ、つまり財やサービスを生み出す力が大幅に低下すれば、通貨は暴落する可能性が高まります。でも財政赤字が大きいとか、中央銀行が国債をたくさん持っているというだけで通貨は暴落しないと思います。

——何らかの理由で長期金利が上がったら、政府債務の利子負担で財政はかなり圧迫されてしまいますよ。

門間　長期金利がどういう理由で上がるのかによると思います。日本の潜在成長率が上がって長期金利が上がるなら、税収もガバガバ入ってくるので問題ないでしょう。

図４　日銀の国債保有額が大きく膨らんだ

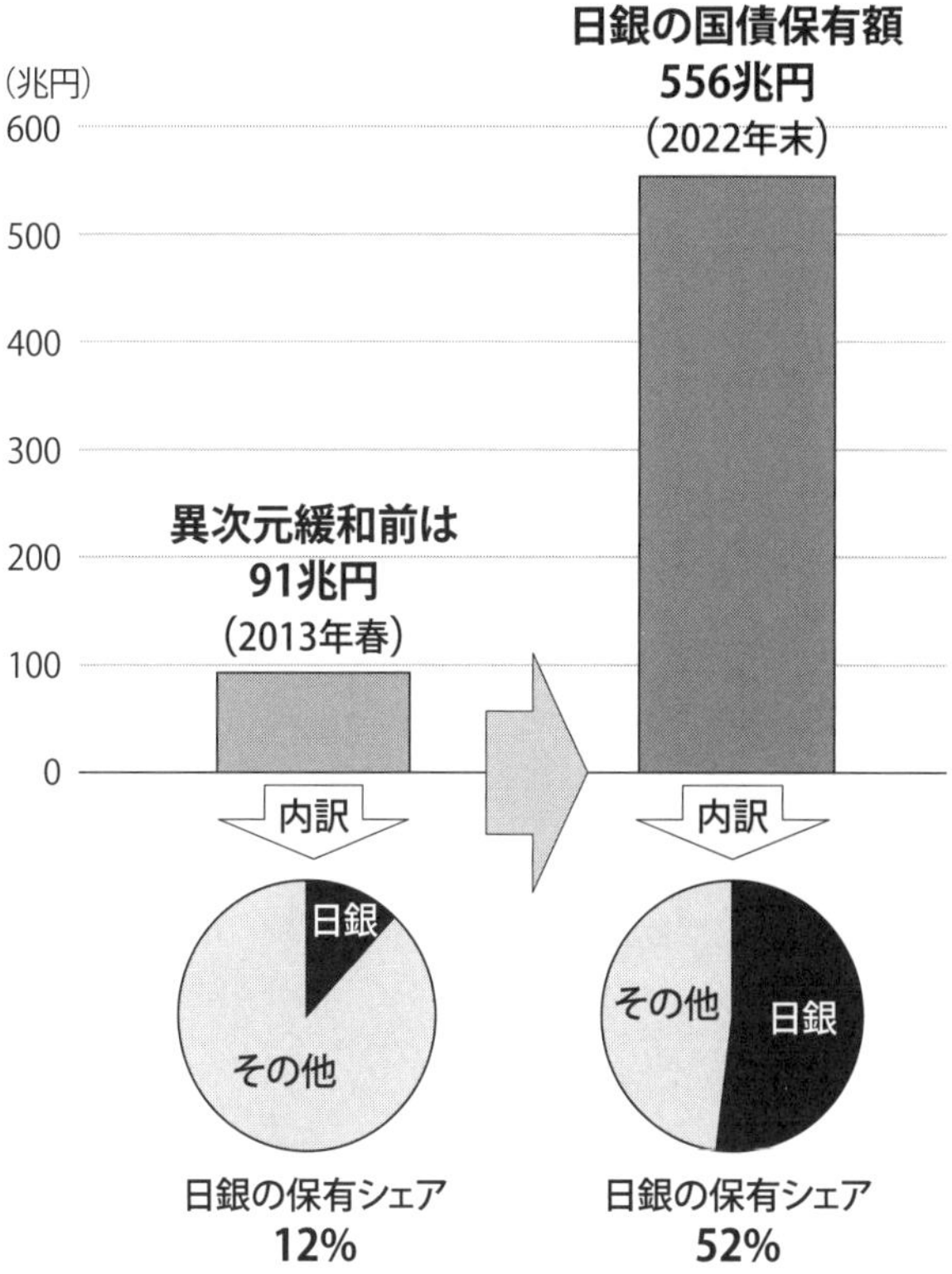

出典：日本銀行

問題が生じるのは供給能力が低下する時です。人々が働かなくなる、あるいは災害等でサプライチェーンが完全破壊されて、まともにモノを作れない、運べないということになれば税収も入ってきません。

それでもモノの値段は急騰するので金利は上げなければならなくなるかもしれません。供給能力が最大の問題なので、国を挙げて供給サイドの強靱性を確保すべきです。それは日銀が国債を持つとか持たないとかという話ではありません。

――日本は自然災害リスクがたいへん大きい国です。大震災だっていずれ必ず起きるでしょう。そのとき財政が悪化していたら復旧する力だって失われてしまうのでは？

門間 いや、最終的には供給能力さえ確保できれば必ず経済は復活し、そのときの税収でファンディング（財源、資金調達）できます。財政破綻が起きている国というのは、多くの場合、モノ不足になったり人々が怠惰になってしまったりして、国そのものがダメになったことが財政問題にもなっているのです。財政赤字が破綻の原因なのではなくて、その国が落ちぶれてしまったことが、インフレ、財政赤字、生産性低下などのさまざまな問題につながっているということです。

――では、いくら財政赤字を出しても大丈夫というＭＭＴ（現代貨幣理論）にも一定の合理性があるということですか。

門間　「いくら出しても」というのは言い過ぎですが、一定の合理性はあります。いくらでも国債を出していい、お札を刷っていいという議論に私は乗りません。ただし特定の債務水準を超えてはいけないという機械的な財政緊縮論よりは、インフレや資金余剰などの実態に照らして適正な規模を上回らない限り、国民に役立つ財政支出をしてもよい、あるいはすべきだ、という考え方の方に魅力を感じます。

――「適正規模」というのがあいまいです。政治家はどんどん野放図になっています。

門間　岸田政権もいちおうは防衛費増強でも必要財源の4分の1くらいは税収で、と言っているし、子育て支援にしても財源を見つけると言っていますね。

――岸田政権の財源の話は、歳出・歳入が見合う「閉じた議論」ではまったくないですよ。

門間　閉じてはいませんが、そういう姿勢は見せています。まったく野放図になっているわけではないでしょう。脱炭素にしてもGX経済移行債を発行しますが、その担保としてカーボンプライシングとか排出権取引とかいちおう展望しているわけです。

――展望していても結局は財源の手当てを将来に先送りしています。では将来の政治家たちが責任をもって財源を手当てしてくれるか。とてもそうは思えません。

門間　まあ、それはその時々の経済実態に応じて考えなきゃいけないことだし、考えてもらうようにメディアもエコノミストも頑張らないといけないです。

門間はある意味でエコノミストらしいエコノミストと言えるのかもしれない。インタビューしていると、論理と経済合理性で物事の是非を判断し、それを率直に論じていると感じた。ただ、日銀マンらしからぬ主張だと思うこともあった。金融政策の効果を過小評価していると思われる点だ。金融政策にそこまで社会を変える力はないと言うのか。ならば日本社会を変えていくもの、作り上げているものは何なのか。

マクロ政策より国内の成長ストーリーを

――門間さんは「将来不安」が消費を萎縮させている問題に関心をお持ちですね。将来不安には長寿化も影響しているのではないでしょうか。長寿も、内外価格差の解消も、実はかつて日本の社会的目標でした。その目標を実現してしまった結果、いまのようなインフレになりにくく、消費が過熱しにくい社会になってしまったのではないでしょうか。

門間　将来不安というのも、その中身は人によります。本当に切り詰めないと生活が不安だという人もいるでしょうし、貯金がたくさんあっても「もっとあればより安心」と考える人もいるでしょう。後者も人それぞれの合理的な選択なので、それも全部まとめて「将来不安」という言い方をするのが適切ではないのかもしれません。内閣府の国民意識調査で「現状に満足」という人はけっこう多いです。

全体としては「ものすごく不安だ」というのとはちょっと違う。個々人の合理的な選択による貯蓄も含めてエコノミストが「不安」という言葉で表現しているだけなので、それが直ちに問題なのかどうか、話は単純ではないです。

——そういう個々の行動が巡り巡って社会全体として経済停滞につながるという合成の誤謬の問題です。

門間　合成の誤謬が起きているなら、それを是正するのは政府の役割です。個々人のレベルでは合理的なので、定義により変えることはできません。

——アベノミクス以前の日本経済はもしかすると「定常社会」だったのではないでしょうか。ゼロ金利・ゼロインフレ・ゼロ成長で均衡していたし、1人当たりGDPだってまだ世界で14位（2012年）と相対的に豊かな部類の国でした。それがアベノミクス後の今では30位（22年）まで落ちています。むしろ以前のほうが良かった。
門間　（1人当たりGDPが）そうなったのは円安が原因です。
——円安にしたことが、いけなかったのでは？
門間　いけなかったというか、なるべくしてなったのかもしれません。今の貿易収支をみると、1ドル＝130円くらいでも貿易黒字が稼げないわけです。それだけ日本の競争力が落ちてしまったのでしょうね。
——それは個別の日本企業の競争力が落ちたことの集積の結果でしょうか。それとも日本経済が成熟化したというマクロ経済の問題、つまりなるべくしてなったという運命的なものなのか、どちらでしょうか。
門間　私は「運命的なもの」ではなく、国内の成長ストーリーが乏しいからだと思います。国内でモノを作ったり、国内で価値を生んだりすることをあきらめてしまった企業が増えた結果です。株主からは「もっと、もうけなさい」「グローバル市場は広いよ」と言われ、みんなグローバル戦略を強化してアジアに行ったり米国に行ったりして、そっちでお金をもうけるモデルに切り替えてきました。それが円安の背景のように見えます。

ブレーキがないからアクセルを踏めない

――財政や金融政策というマクロ政策は日本の競争力にあまり関係ないのですか。

門間　金融政策はあまり関係ありません。でも成長戦略は大いに関係ありますし、成長戦略には財政もかかわります。その意味において財政も一部関係します。

――政府の成長戦略が企業の成長にそこまで影響するでしょうか。

門間　政府が財政で一定程度やらなければできない成長戦略もあるわけです。ワイズスペンディング（賢い支出）と言われるようなものです。

――予算をつかさどる財務省の官僚たちは「ワイズスペンディング」というのをあまり信用していないようです。

門間　確かに財政支出を増やせばさまざまな支出が紛れ込んでいきます。だから、「ワイズ」になる可能性のあるものも含めて財政支出を増やすのであれば、必要な場合にブレーキをかけられるようにしておくことは重要です。ブレーキがきかないなら、財政拡大は安易には踏み出せません。いざという時には消費税でも何でも上げられるという体制をつくっておくことがやはり必要です。

財務省のやり方は、本当は時速50キロで走れる道を時速30キロで安全運転しようというやり方です。時速50キロで走るためには、いざというときにぱっと止まれるブレーキがないとだめなので、ブレーキの利きが悪いなら最初から低速でというのは一理ある考え方です。

――米国はブレーキがあるから速く走れるのですね？

門間　米国は微妙ですね。いまは財政の出し過ぎでインフレになってしまっています。（コロナ禍のもとで）今回はやりすぎたという感じですね。

――米国はやりすぎるときもあるが、修正もできるようです。

門間　米国は共和党に伝統的に「小さな政府」という価値観があり、そこに一定の重みがあるという面はありますね。

――一方、欧州はブレーキが利きにくいのでアクセルを踏むのに慎重なのでは？

門間　欧州ではEU（欧州連合）が強引に制度としてブレーキを（協定に）いれたわけです。いまコロナ対策でゆるめてはいますが、それを戻す際に、以前よりは柔軟な制度に切り替えるのか、いま大激論になっています。でもそういう議論をちゃんとしているだけいい。日本にはそういう制度も縛りも、議論もない。

――そして、共和党もありません。

門間　そうです。小さな政府を志向する党がないので、ワイズスペンディングというところに比重を置きすぎると、財務省が心配になるのもわからないではないです。

――異次元緩和にもブレーキがありませんでした。

門間　異次元緩和は関係ないです。

――日銀の人たちはそう言いますが、異次元緩和によって財政がブレーキをなくしてしまった面はあります。

門間　それは証明できないし、多分そうではないですよ。

――いまや財政拡大の財源は「国債を発行すればいい」と言う政治家ばかりになっているじゃないですか。

門間　気持ちはわかります。私は日銀がブレーキをかけるというよりも、財政を巡る情報発信を充実させるべきと考えています。我々は2％物価目標の実現のために全力で金融緩和をする、だけどそれが財政規律をゆるませてはいけない、という分析や説明はした方がよいでしょう。いまの日銀は「その責任は私たちにはないので政府に聞いてください」という言い方です。しかし、日銀の政策が財政規律を失わせているという批判が少なからず存在する以上、それに真摯に向き合う責任が日銀にもあると思います。

――黒田総裁も就任当初は財政健全化について発言していたのに、消費増税を促すような発言をして政府に叱られ、以来、言わなくなってしまいました。

門間　そこはもっと言った方がいいと思います。

（インタビューは2023年2月にオンライン版「論座」に掲載）


門間が対外的に発信している日銀についての解説や主張について、関係者たちからさまざまな反応が出ている。「その通りだ」と言う者もいれば、「無責任な言いぶりだ」とあきれる者もいる。そのなかで、ある日銀OBから「日銀にとって『国民の信頼を守ることが何より正しい』という議論には危うさがある」という指摘があった。次のようなものだ。

「門間説は『異次元緩和は最初から効果がないとわかっていたが、日銀は国民からの信頼を守るために全力でやるしかなかった』というものだ。だが、その論理が成り立つなら、たとえば、太平洋戦争で『アメリカに勝てるはずがないとわかっていたが、皇軍は国民の信頼を守るために全力でやるしかなかった』という弁解も成立しかねない」

私もこのOBと同じ感覚を抱いて門間の話を聞いた。勝てないとわかっていた戦争につっこんでいった太平洋戦争での旧日本軍。それとどこか似たような、何か組織的で構造的な問題を日銀が、あるいは日本という社会が内蔵しているのではないか。

もし、それがこの国のあらゆる組織に共通する宿痾《しゅくあ》であるなら、日本はまた失敗の歴史を漫然と、これから何度でも繰り返していくことになりはしないか。

「最強官庁」財務官僚から不協和音がもれ出る

日銀だけでなく、第2次安倍政権発足後の10年は、霞が関の官僚機構も同じ問題に突き当たった。「官庁の中の官庁」といわれ、国家の財布のひもを握る最強官庁、財務省も例外ではない。アベノミクスのもとで揺れ動いた財務省について、ここで少々説明しておきたい。

一昔前の財務省なら、国家財政を脅かすことであれば時の政権だろうと与党の大物政治家だろうと、言わねばならぬことを言い、拒まねばならぬことは拒んだだろう。それが国家の屋台骨を支える財政当局としての責務だと、組織の誰もが信じていた。

ところが、第2次安倍政権の7年半で、そのありようは様変わりした。官邸主導の予算バラマキ路線に、主計局が積極的に手を貸す事例が出てきたのだ。2020年の新型コロナウイルス感染防止のための1次補正、2次補正予算の編成をめぐって、あまりの放漫ぶりに省内や財務省OBたちから批判が噴出するほどだった。

経済底支えのため、安倍内閣は大型対策を打ち出した。20年4月末に成立した20年度予算の第1次補正で25・7兆円、6月に成立した第2次補正で31・9兆円。合計約57兆円の補正予算を組んだ。財源はすべて新たな国債発行で捻出した。事業費総額は234兆円。

首相の安倍晋三は、記者会見でこれが「空前絶後」「世界最大」と誇った。

これには多くの批判の声がつきまとった。1次補正では通称「アベノマスク」が批判対象になった。配布スピードが遅く、経産省などの発注手続きの疑惑も指摘された。ようやく配布が始まったときには、すでに世の中に市販マスクが出回っており、そもそも必要だったのかという批判の声が出た。

「GoToキャンペーン事業」と名づけられた観光・飲食振興策には約1・7兆円もの巨額予算が計上されたが、これも世間のニーズとずれていた。外出自粛や休業要請が続くなかで観光振興の予算など執行できるはずがない。不要不急なのに、なぜか医療への支援予算より手厚くなった。医療現場では人手も資材も不足し、悲鳴があがっていた。

2次補正では10兆円という大規模な予備費が計上されたことが問題になった。通常なら1会計年度の予備費はせいぜい数千億円だ。危機対応とはいえ、けた違いの予算額が設けられた。

野党からは「安倍政権に巨額予算を白紙委任しろということか」「国会軽視だ」と批判が相次いだ。前東京高検検事長の人事をめぐって野党から追及を受けていた安倍政権が、さらに問題が長引くことを恐れ、早く国会を閉じるための措置だというのが大方の見方だった。もしコロナ対策で3次補正予算が必要になっても、これだけの予備費があれば、国会に諮る必要がなくなるからである。

こうした問題歳出には経済産業省がからむことが多かった。なぜそうなのか。財務省はなぜ査定であっさり通してしまったのか。それは、一連の予算が官邸官僚と財務省主計局首脳ラインを中心に編成されたことと無縁ではなかろう。

補正予算編成にまつわる批判を一身に浴びたのは当時の主計局長、太田充(1983年入省)だ。千億円単位、兆円単位の重要予算項目について省内議論を飛ばし、1人で安倍官邸側と結論を決めてしまったからである。それもほぼ官邸側の「言い値」でだった。

予算膨張に歯止めをかける機会を失ったことに、少なからぬ財務官僚たちが不満を抱いた。官邸の言いなりになるのでは財務省の存在価値がなくなる、とやる気を失った若い官僚たちもいた。幹部たちにも、事態を見守るしかない状況に無力感が漂った。

そのころ、何人かの財務官僚からこんな声を聞いた。

「太田局長は部下の意見を聴かない。だから主計局内でさえ信頼を失いつつある」

ある幹部は「省内全体が今のような状態になってしまったことには忸怩《じくじ》たる思いがある」と話した。

太田のやり方はシンプルだった。経済対策を決めるに際し、まず経済産業省の筆頭局長である経済産業政策局長だった新原浩朗（84年入省）と、主要政策の規模や中身についてすり合わせる。

新原は内閣官房の要職も兼務するいわゆる「官邸官僚」の1人だ。安倍の右腕である首相補佐官、今井尚哉《たかや》（82年旧通産省入省）の経産省の後輩で腹心でもある。新原の要求は「安倍官邸の意向」といってもよく、新原と握れば官邸と握ることにもなった。

新原も経産省内で独断専行するタイプだった。部下たちには相談せず、何事も1人で今井や太田と調整し、結論を決めてしまう。それを経産省に持ち帰って部下に指示する。

だから経産省の部下たちにもやはり不満がたまっていた。経産省の幹部や中堅官僚たちから「新原は部下の意見に聞く耳をもたない」「やり方が信頼できない」という評判をしばしば耳にした。

太田と新原のやり方は同じで、今井との間で合意した内容を省に持ち帰り、次官ら主要幹部に説明する。「官邸の了解ずみ」ということで押し通し、部下にはそれを前提に作業を進めるよう指示した。

財務省なら本来はまずそれぞれの担当主計官たちが担当する主計局次長のもとで、関係省庁と相談しながら具体的な予算編成を進めていく。それらをあわせて主計局長のもとで最終調整するのがオーソドックスな手順である。

太田のもとでは上意下達で次々と主要歳出の詳細を決めていく予算編成になった。このやり方だと、財務省内の議論が意味をなさず、その事業が本当に必要かを吟味するのは難しい。通常なら予算を付けるとしても、主計官やその下にいる主査たちを中心にいかに効率的な内容にするか、適正規模に抑えるかを考え、データや実態を踏まえて事業官庁側と何度も検討する。その作業の積み重ねにこそ主計局の存在意義も予算編成の意味もあった。トップダウンで決めるのでは、このプロセスを放棄してしまうことになる。

だからなのか、20年度の補正予算では予算成立後、問題が噴出するケースが目立った。担当省庁がよく把握しないまま予算が決まってしまったために、国会審議で野党から質問されても担当官庁の担当者が答えられないという場面をよく見かけた。

もしどうしても官邸からの予算要求の要望をのまざるをえないとしても、これまでの財務省であれば、別の条件闘争に持ち込んだはずだ。たとえば今回は巨額の借金だのみになるにしても、別に財政健全化の道筋を約束してもらうとか、「復興増税」のような仕組みを同時に検討して、長期的にバランスさせることをめざすとか、である。なにがしかの仕掛けを考えるのがこの役所の強みであり、したたかさだった。ところが太田流の官邸追従路線にはそれさえなかった。だから主計局の官僚たちは失望したのだ。

「韓信の股くぐり」と指摘した大物OBの苦言

かつての大蔵一家、いまで言えば、財務省一家の暗黙のルールに、OBが現役の悪口を言わない、というものがある。財務OBには退任後も社会的影響力のあるポストに就く者が多い。そのOBたちが現役官僚の仕事を批判すれば、財務省の仕事そのものに支障が出かねないからだろう。

ところが19年初め、ちょっとした「事件」があった。前年の暮れには、消費税率10％への引き上げに伴う対策として、キャッシュレス決済の買い物へのポイント還元、プレミアム付商品券など気前の良すぎる事業が盛り込まれた19年度予算案が閣議決定されたばかりだった。

年明け早々、財務省や旧大蔵省の事務次官ＯＢたちと現役幹部との恒例の新年会が都心のホテルで開かれた。出席した歴代次官の最長老、吉野良彦（１９８６～88年に大蔵事務次官、22年死去）があいさつに立った。かつて中曽根康弘首相に率直な批判を面と向かって言ったという勇ましいエピソードをもつ吉野だが、この会では例年、予算編成作業での後輩官僚たちの仕事ぶりをねぎらっていた。

だが、この日は吉野があいさつを始めると場の空気が一気に凍りついた。吉野が近くにいた現役主計局長の太田を名指ししてこう言ったからだ。

「太田君も嫌々やらされているのだろうが、韓信の股くぐりにも限度があるぞ」

「韓信の股くぐり」とは、将来に大志を抱く者は屈辱にも耐える、という意味だ。そこで吉野が言わんとしたのは、消費増税の実現やみずからの次官昇格のためとはいえ、安倍官邸の言いなりになりすぎて限度を超えてしまっていないか、という太田への叱責だった。

当時、森友学園をめぐる文書改ざん問題で国税庁長官の佐川宣寿が辞任、セクハラ問題で財務次官の福田淳一が辞任と、財務省は不祥事続きだった。だから次官の岡本薫明《しげあき》（83年入省）としては、できるだけ省内に波風を立てたくないという心理も働き、同期の太田のやり方にもあまり口を出していなかった。

次期次官まちがいなしの要職にあって、官邸とも良好な関係を結ぶ太田に対し、省内で物申せる者はほとんどいなかった。そのなかで、しばしば異論を唱えたのが主税局長の矢野康治（85年入省）だ。財務省きっての財政健全化派として知られる論客である。

主計局と主税局の間で、あるいは各局内で意見が対立することはこれまでもしばしばあった。ただ、一度省内で決まったら不満は外に持ち出さない、というのが財務省の不文律である。そうでないと他省庁や政治家がつけ入る隙が出る。予算や税はきわめて政治的なテーマだ。組織として弱みを見せれば政治的な介入を受けやすくなる。

だが、太田と矢野の対立は外部にも漏れ伝わるほど激しかった。月刊誌などに2人の対立がゴシップ記事として書かれたこともある。一枚岩の強さを誇る組織がみずから力を削いでしまったようなものだった。

太田は財務省の本流である主計局中枢を歩んできた。頭が切れ、説明能力、交渉力、事務処理能力いずれもずば抜けていた。典型的なエリート財務官僚だ。その太田がなぜ伝統的な財務省のやり方に背を向けたか。そして官邸と結ぶ道を選んだのか。

次官コースの必須ポストとされる官房長、主計局長への就任を、同期の岡本に先を越され焦って勝負に出たのでは、という見方もあった。本人はその間、総括審議官、理財局長を歴任。そのころから官邸への接触機会が目立って増えた。理財局では森友問題の国会対応に忙殺された。そのとき一気に安倍政権との距離が縮まったと見られる。

太田は、旧民主党政権の首相、野田佳彦の首相秘書官を務めた経歴がある。だからなおさらなのか、安倍官邸の信頼を得るにはよりわかりやすく貢献する必要がある、という思いもあったかもしれない。

太田が理財局長のとき、参院予算委員会で自民党議員の和田政宗が財務省陰謀論を掲げ、太田にこんな質問をした。「(あなたは)民主党政権で首相秘書官を務め、増税派だから、アベノミクスをつぶすため安倍政権をおとしめるために意図的に変な答弁をしているのではないか」と。これには太田が憤然とし、答弁で「いくら何でも」と3回繰り返して否定したこともあった。

もちろん太田が出世目的だけで官邸と結んだわけでもなかろう。かつての力を失った財務省が同省に不信感を抱く政権と協力していくための方便だったと見ることもできる。

太田は部下たちにこんな話をしていた。

「往時の財務省と、いまの財務省では政権・与党に対する影響力がまるで違う。それなら予算編成も毎年度、同じやり方を十年一日のごとく続ける時代じゃない。そのときどきの政権、環境に応じてやり方を変えていかないとだめだ」

財務省嫌いの官邸とどう向き合うか

安倍はもともと財務省嫌いで知られる。それどころか、23年2月に発売された『安倍晋三回顧録』でわかるのは、異常なほどの財務省への不信、猜疑である。

安倍は「財務省と党の財政再建派議員がタッグを組んで、『安倍おろし』を仕掛けることを警戒していた」と率直に語り、あろうことか「私は密かに疑っているのですが、森友学園の国有地売却問題は、私の足を掬《すく》うための財務省の策略の可能性がゼロではない」とまで述べている。

そんな政権のもとで財務省が従来のように財政健全化を唱え、消費増税の必要性をいくら訴えても、果たして事態を改善できるのか。ならば財務省も現実的な選択をしていくべきだ、ときに政権に妥協してでも――というのが太田の問題意識だったのだろう。

たしかに安倍政権のもとで太田路線は現実的な手法ではあった。抵抗したところで官僚の人事権を握っている官邸に勝ち目はないのだ。

とはいえ、「国家の金庫番」としての役割まで放棄してしまって良かったか。そこに国家運営上の本質的な問題があるのではないかと思う。

大人数で開く宴会を想像してほしい。参加者全員が酔っ払って、勘定そっちのけで飲み食いしている。このままだと後でとんでもない高額の請求書を突きつけられる恐れがある。そんな時、ひとり冷静に過剰な酒の注文を制し、嫌がられてもワリカン代を全員からきっちり徴収し、正確に店への支払いまですませてくれる、そんな幹事役が必要だ。

いまの国会は、政権から与野党に至るまで、ほとんどの政治家が「財政バラマキ」と「増税反対」の一色に染まっている。増税や歳出削減のような苦い薬を飲むように国民を説得しようという政治家はほとんど見かけない。

憎まれ役を常に引き受けてきた財務省までその役割を放棄してしまったら、もはやこの国に財政のブレーキ役は存在しなくなる。

前財務相、麻生太郎の祖父でもある元首相、吉田茂は著書『回想十年』（中公文庫）のなかで大蔵省（現財務省）についてこんな一文を書いている。

「予算編成の都度、各省からの強請《ゆすり》、強要、威嚇を厳重に阻止する機関がなくては、国家財政は破綻する。この機関は民主政治において最も重要な機関である。それが今日のわが国においては大蔵省である。為政者たるものは、かかる機関が厳としてその権威を保持するよう仕向けるべきである。閣僚もまた大蔵官僚の専門的知識より来たる意見は、虚心坦懐にこれを聴取する雅量を持たねばならぬ」

吉田の主張は現代にも通用する話だが、実行されるかどうかは時の政権次第ということか。安倍政権は吉田の想定になかったタイプの政権だった。「権威を保持するよう仕向けるべき」財務省に対して、むしろ権威を弱め、官邸の僕《しもべ》となるよう画策してきた。

財務省が財政健全化をまじめに主張し続けていたとしても、安倍政権下では何事も成就しなかっただろう。それでも財務省には理想を主張し続けてほしかったと思う。たとえ主張が官邸にはねつけられたとしても、少なくとも「はねつけられた」という歴史的事実は残り、財務省が抵抗しても実施されたバラマキ政策だということが国民の目にはっきり認識される。そこが大事なのだと思う。そうでなければ何が「正論」なのか、人々には判断するための座標軸がなくなってしまう。

それに政権の主張に沿って現実的な対応を繰り返しているうちにどんどん流されて、やがて、あるべき姿は何だったのかさえ見失ってしまうのではないか。

太田が政権の期待に先回りし、それに沿った予算を作り続ければ、政権と財務省の衝突は一切起きない。だがそれが続けば、いつしか国民の目にはそれが「当たり前」にしか映らなくなる。

財務省が財政健全化の正論をつきつけ、ときに官邸に押しつぶされ、握りつぶされたとしても、「当たり前」でないことがおこなわれていることを国民に知らせる意味はある。財政健全化を唱え続ける「頭の固い財務省」であり続けることは、長い時間軸のなかで十分意味があることなのだと思う。

これは霞が関全体に横たわるテーマと言える。安倍政権で内閣人事局が設けられ、官庁幹部人事の最終権限を官邸が一手に握るようになり、官僚たちには官邸に物言えぬ空気が蔓延している。官邸から嫌われたら要職から外される。そんな恐怖心が官僚に植え付けられてしまった。これでは健全な国家運営も官庁の仕事も全《まっと》うできないのではないか。

時の政権の意向にあまりに寄り添いすぎると、財政のような「国家百年の計」が必要なことがらの座標軸は大きくぶれてしまう恐れがある。

柳澤伯夫◉正論を吐かぬ主計局の責任は大きい

財務省での「太田の変」の前夜、財務省でそのような事態になることを懸念していた政界の「財政ご意見番」がいた。かつて金融担当相や厚労相を歴任した柳澤伯夫だ。2000年代以降の政治家から「財政再建MVP」を選ぶなら最有力候補の一人である。旧大蔵省出身の良識派として知られ、自民党内でも経済政策通として広く認められてきた。現役政治家当時は、柳澤が主宰する財政金融問題の勉強会に若い議員たちがたくさん集った。

1990年代後半の金融危機のさなか、初代金融再生委員長（金融再生担当相）に就くと、日頃の蓄積と人脈、実力を遺憾なく発揮した。このときの働きぶりは当時、海外経済誌で「アジアのパワフルな政治家10人」の1人に日本で唯一選出されたことからもわかる。

だが、柳澤の財政健全化論は消費増税を封印した小泉政権ですっかり抑え込まれた。それでも、財政再建派の同志だった故与謝野馨（1938～2017）とともに「税と社会保障の一体改革」に布石を打ち、やがて断行した。そしていまの消費税率10％につなげる法案づくりを主導した。
増税の必要性も、それを実現する政治的な難しさも、すべて理解する政治家は、財政健全化のために何が必要と考えているか。第2次安倍政権のさなかにおこなったインタビューからご覧いただこう。

●柳澤伯夫・元金融担当相
やなぎさわ・はくお　1935年、静岡県生まれ。東京大法学部卒、1961年大蔵省（現財務省）入省。衆院議員を8期務め、国土庁長官、初代金融担当相、初代金融再生委員長、厚労相、自民党税制調査会長を歴任。90年代の金融危機の際は担当相として大手銀行や大手証券会社の破綻処理を取り仕切った。主な著書に『平成金融危機――初代金融再生委員長の回顧』（日経BPM）がある。

――日本の財政状況は悪化するばかりです。財政状態の国際比較によく使われる、国内総生産（GDP）に対する政府債務の比率が日本は先進国で最悪、世界でも財政破綻国に匹敵する高水準です。どうしたらいいのでしょうか。

柳澤　財政問題を現実的に、そして政治的に進めていくのはパズルのようにかなり難しい問題です。理屈のうえでは消費税を30％にすれば解決します。しかし現実にはそんな大増税はできません。不思議なことに、これだけ借金財政になっても政府の信用はなくならず、日本国債を買ってくれる人がまだいるからです。

――アベノミクス、異次元緩和をどう評価しますか。

柳澤　（借金財政を支える）日銀の異次元緩和は（2018年時点で）5年たっても、黒田東彦総裁が掲げたインフレ目標を達成するにはほとんど効果を生みませんでした。リフレ政策がなぜ効かないかを解明することに経済学者はもっと力を尽くすべきでした。

我々の世代は単純化されたケインズ理論にかなり影響を受けていたかもしれません。故宮沢喜一元首相がそうでした。株価が下がると「政府が（株を）買えばいい」と言う。財政支出がオールマイティーだと思っていたみたいでした。あれほど頭のいい方がそう単純に考えるのが不思議でした。

大蔵官僚（現在の財務官僚）の責任も大きいと思います。かつては村上孝太郎、大倉真隆両大蔵次官のように強く警鐘を鳴らした立派な官僚もいました。1968年に事務次官に就任した村上さんは、初めて「財政硬直化」という言葉を使った人です。景気対策で実施される公共事業は一度始まるとずっとやめられない。「もっと柔軟に減らせるようにしよう」と運動したのが村上次官でした。大倉さんは1975年、主税局長になるとすぐ「減税」を主張する経団連に行って「景気を良くしても、これでは財政負担になる。だからできない」と大演説しました。

この2人はガッツがありました。しかしその後、大蔵省（現財務省）は正論を吐かなくなりました。みんな政治が要求することを受け入れてしまいました。

政治はもともとレベルが低く、期待はできません。がんばらないといけなかったのは大蔵省と、その理論的支柱となる経済学界です。彼らがもっとちゃんと論陣を張ってくれていれば……。八つ当たりになるかもしれませんが。

柳澤伯夫氏　撮影・原 真人

――政界にも財政健全化の重鎮がかつてはいましたね。

柳澤　自民党税制調査会の大重鎮だった山中貞則さんは、税調で国会議員たちからばんばん要求が出て紛糾すると、「ちょっと待て」と制して、「大蔵省主税局の諸君の意見をまず聞きなさい。そうでないと国を誤るぞ」と議員たちを怒鳴りつけた。最近の政治家には、山中さんのように官僚たちが日ごろ国のためを思って考えていることを聞かないといけない、という意識がまったくなくなってしまいました。

――これから何が必要ですか。

柳澤　今後は歳出をよく見直す必要があると思います。いくら消費増税をやっても、歳出がザル状態ではどうしようもない。毎年度の政府予算はいま100兆円規模ですが、そんなバカな、と思うほどの規模です。そこまで膨らませてしまった財務省主計局の責任は大きい。

2000年代前半の小泉政権のころ、自民党で経済財政の勉強会を開いていました。そのころなら財政赤字を消すために消費税は最終的に9％にすればよかった。それでもゆとりをもった増税にするため「税率10％でいこう」と主張したのです。

しかしその財政再建のチャンスを小泉政権で失いました。小泉首相は本当に「増税なき財政再建」でやろうとしました。成長で解決しようという上げ潮派です。小泉さんは歳出を削ろうとした功績はありますが、消費税封印の罪は大きい。あんなにすごい支持率をもっていたのだから、あの政治的資産を使わない手はありませんでした。あれで財政再建のチャンスを失ってしまいました。

――安倍政権下でも消費増税は曲がりなりにも進められようとしています。

柳澤　安倍政権も2019年秋の税率10％への消費増税を予定しています。だが、それと抱き合わせで他の税の減税をしたり、巨額の経済対策を実施したりするのでは財政再建になりません。それらの減税措置も含めてネット増税（実質増税）になることはあり得ないだろうと見ています。

（インタビューは2018年6月、WEBRONZAに掲載）

大蔵省の昔から、財政当局は嫌われるのが常である。汚職や不祥事でたたかれたのは論外だが、財政を巡っては、長らく「良き嫌われ役であれ」というエールがこめられた批判が多かった。大蔵省のある元官僚は「バブル崩壊前には大蔵省が悪者になって無理な予算要求や減税要求の防波堤になった」と打ち明ける。

たとえば地方議員が無理な道路建設を自治体に求めてきたとする。自治体は、とても実現できないので断りたい。そんなときは「大蔵省が頭が固いので認めてくれないんですよ」とやんわり断るのが上策だった。大蔵省を敵役にして予算膨張を防ぐのが一種の行政の知恵だったのだ。

政治家もわきまえていた。別の元大蔵官僚は現役のとき、当時の社会党の大物議員からこう言われたという。

「我々は君たちを批判する。だが君たちは理想と思う財政政策を進めてくれ」

財務省たたき、官僚たたきに走る政治家たちの底意とは何か。政局のためか、世間受けするからか。そうだとすれば、官僚たちが「我々は国家のためにやっているのに」と嘆くのも無理はない。財政健全化は財務省の省益のために必要なのではない。国民の将来のために必要なのだ。財政が破綻せぬよう目を光らせる番人の力が損なわれることを、国民はもっと恐れるべきだ。

柳澤には2023年3月、改めて取材をし、消費増税の実現に向けた試みを振り返ってもらった。かつては財政健全化に向けて政治家や官僚、学者たちが侃々諤々《かんかんがくがく》の議論をしたというが、今となっては隔世の感だ。アベノミクス以前と以後では、残念ながら「社会の木鐸」であろうとしたエリートたちの世界も様変わりしてしまった。

――第2次安倍政権の前夜、柳澤さんが民主党政権のもとで故与謝野馨さんらとともに

「社会保障と税の一体改革」に取り組んだ結果、曲がりなりにも消費税率10％まで引き上げることができました。当時はどんな思いでしたか。

柳澤　消費増税が必要だという点では同じ意見でも、その進め方や財政をめぐる思想では少なからず意見の相違はありました。たとえば、東日本大震災が発生した直後の２０１１年４月に開かれた「税と社会保障の一体改革」の集中検討会議では、新たに被災地の復興財源という課題が突きつけられました。この会議で伊藤元重・東京大教授（当時）の意見に私はかなり抵抗し、やり合いました。

この会議で伊藤は「消費税をもし上げるのなら、当面は復興に使いながらも時間をかけて社会保障に替えていくような形にしていかないと、復興は復興、財政改革は財政改革とやろうと思っても、今までの経験で言うとなかなか難しい。そういう意味では、震災は日本にとって非常に不幸な出来事であったけれど、これを新しい動きに結びつける形にできればいい」と提案した。

これに対し、柳澤は「伊藤教授が復興と財政再建をつなげておっしゃったところに引っかかりを覚えた」と言って、こう反論した。「復興について過大な投資を呼ぶようなことは慎重に考えないといけない。都市の被災と農村・漁村を中心とした地域の被災はかなり違う。復興費用についてあまり過大に考える必要はない。被災地はそもそもどちらかというと過疎地だ。過剰投資にならないようにしないといけない。社会保障と税の一体改革の財政再建ときちんと分けて、違う財源を充てるぐらいの考え方がいい」

これに対し伊藤は「それができればいいが、本当にそういうことを実現できるだけの、いわば政治の能力と意志は、日本だけでなくあらゆる国であるのかどうか」と再反論している。

柳澤　つまり伊藤さんの意見は、遠景でとらえれば復興財源も社会保障財源としてとらえてもいいのでは、ということでした。社会保障の機能強化という言いぶりにすると、そこまで言っちゃうことも出来るのです。伊藤元重さんの言いぶりはそうでした。私は絶対そんなことはありえない、震災復興は震災復興で議論すべきだと思いました。被災地の多くは過疎地です。そこに社会保障財源で大規模な復興投資をおこなうことは、それ自体が考えを誤る遠因になりますよ、と申し上げた。結果はその通りになってしまいましたね。

東日本大震災の被災地には、めちゃくちゃな過剰投資がおこなわれました。

その問題は、税と社会保障の一体改革での議論にも共通するところがありました。消費増税を進めるための根拠として、与謝野さんや吉川洋さん（当時、東京大教授）は「社会保障の機能強化」という言い方をしたのです。私はそれを聞いて正直がっかりしました。そういうソフィスティケート（洗練）された戦略を胸に秘めている人たちとは一緒にやれないな、と思ったのです。

機能の強化という言い方されると、対象はひどく広がってしまいます。それは財政を誤る元だ、という強い思いがあって、実際にそう申し上げました。「社会保障の機能強化」というのはうまい言葉づかいですが、対象がどこまで広がっていくかわからない。「震災復興も社会保障だ」という話も出てくるくらいですから、そこは釘を刺しました。

――与謝野さんはとにかく消費増税を急がなきゃいけないという、あせる気持ちがあって、話が進めやすくなる社会保障の機能強化を持ち出したのですね。

柳澤　そうです。与謝野さんも僕がそのことを苦々しく思っているのは察していたと思います。

――難しいですね。消費増税に反対する勢力はごまんといるわけで、それでも厳しい増税をやらなきゃいけないと考えるグループの中の意見対立ですから。

柳澤　与謝野さんはとにかく（増税を）急ごうとしていた。僕は景気との兼ね合いも注意して増税のタイミングを考えないと、実際にやったときに非常に困難になることもあるよ、と言っていました。

十数年前、与謝野と柳澤がタッグを組んで、消費増税の将来の実施時期を「中期プログラム」であらかじめ決めておこうという戦略は功を奏し、麻生政権で閣議決定まで進んだ。さらにこれを法律で確実に縛ってしまおうという柳澤の主張が通り、11年度までに消費増税に向けた「法制上の措置」をとることを明記した「税制改正法附則第104条」が2009年に成立する。この附則こそ、政権交代後の民主党政権で消費増税の実施時期を決めることにつながる重要な布石となった。そして、民主党政権下で決まった増税の実施時期を安倍政権下で2度延期しながらも、プログラムに沿った2回の消費増税で税率10%が実現する。

——104条を巡っては財務省内でも「法改正まで必要」派と「そこまでこだわる必要

はない」派があったようですね。柳澤さんは「必要」派とともに法案をまとめたそうですね。

柳澤　個別に若い官僚とも協力して、ずいぶんやりましたね。当時はそういう財政健全化に向けてのエネルギーが財務官僚たちにもありました。あのころに比べても、今は本当に頑張りどころです。今は財政破綻したギリシャより（経済規模に対する政府債務の比率が）悪いじゃないですか。それなのにどうして平気でまだやっているのかと思う。最近の（防衛費増などの）状況はますます財政悪化に拍車をかけているものね。

僕は黒田日銀の罪は大きいと思う。本来ならこの財政状況に国債市場が反発して、むちゃくちゃやるなというシグナルを出すべきだが、そのシグナルを日銀が（国債買い支えで）止めちゃったからね。黒田総裁が先日の記者会見で、日銀の国債大量保有について「反省していない」と言っていたのは、本当にひどいと思った。

（インタビューは2023年3月に実施）

石原信雄◉「官邸の大番頭」が語る官邸と官僚

２０１６年に大ヒットした庵野秀明総監督の映画「シン・ゴジラ」が描く首相官邸のシーンには驚くほどリアリティーがあった。ゴジラが突然東京に上陸し、みるみる被害が広がる。そこで右往左往する政権の様子が描かれる。そこに登場した官邸内のセットは本物と見まがうほどよく出来ていた。

撮影スタッフは事前に官邸や省庁を念入りに取材したそうだ。たとえば、政府内ではいざという時にどんな組織が立ち上がるのか、担当大臣はどこに待機するか、会議中の伝達方法はどんな手順か……。そういった細部まで詳しく調べ上げたのだという。

そこまでリアルな演出にこだわったのは、ゴジラという壮大な虚構を成立させるためには、それ以外を極力現実に即して表現する必要があったからだという。

狙いは当たった。無為無策、根拠なき楽観、後手後手、朝令暮改、場当たり的、責任回避……。観客はいつしか、ゴジラという危機が迫っているのに、いつまでも煮え切らない劇中の官邸幹部や官僚、学者たちにいらだつ。

制作時期からみてゴジラが暗示した「危機」とは、東日本大震災や福島第一原発事故だったのだろう。その後に起きたコロナ危機の風刺劇として見ても、まったく違和感がない内容だった。もしかすると誰が官邸の主になっても、危機管理の出来はいつだってその程度のものなのかもしれない。およそ政府というものは、いざという時にたいして役立たぬものと割り切るべきなのか。

2021年夏になると、菅義偉政権の支持率の凋落ぶりが激しかった。朝日新聞の21年7月実施の世論調査での支持率は31%。多くの国民の声を無視する形で東京オリンピック・パラリンピックの開催を決めたことが響いたと思われる。しかも国民の安全確保のためワクチンは万全の準備をしているのかと思いきや、接種体制の整備は先進国で最も出遅れた。そして、五輪開催下でも国内での新型コロナ感染が爆発的に広がった。

そのころ、危機管理にも政権運営の内情にも詳しい経験者に評価をあおいでみたいと考え、石原信雄（当時94）を訪ねた。かつて官邸事務方のトップである内閣官房副長官を7年余り務め、7内閣に仕えた経験のある「官邸のご意見番」である。インタビューは2021年6月におこなった。

●石原信雄・元内閣官房副長官

いしはら・のぶお　群馬県出身。1926〜2023年。東京大卒業後、1952年に地方自治庁（現総務省）に入庁。自治省財政局長、事務次官などを経て87年に内閣官房副長官。竹下、宇野、海部、宮沢、細川、羽田、村山の7内閣にわたって在職し、時の政権の政治判断に強い影響力を振るって「影の首相」との異名もとった。昭和天皇の逝去と元号「平成」の制定を事務方として取り仕切り、阪神大震災（95年）の復旧・復興にも尽力した。

——日本のワクチン接種体制が出遅れ、「ワクチン敗戦」と批判されています。菅義偉政権をどう評価していますか。

石原　ワクチン接種がなぜここまで遅れてしまったのか疑問ですね。日本は厚生行政では先進国でも先を行っていたはずです。それが今回なぜ後手に回ってしまったのか。

——かつて薬害エイズ訴訟で官僚の政策判断の責任を問われた厚生労働省は、副作用などがあるかもしれないワクチン政策でリスクは冒《おか》せないとでも考えたのでしょうか。

石原　羹《あつもの》に懲《こ》りて膾《なます》を吹く、という形になっちゃったのでしょうかね。ただ、平時であればそうやって厚労省が対応すればいいが、今回のコロナ禍ではただちに問題対応を厚労省から内閣が引き継いで、ワクチン接種を政権あげてもっと計画的に、もっとスピーディにやるべきでした。なぜそれができなかったか。なぜこんなに遅れちゃったのか。危機意識が足りなかったのでしょうか。

政府対応の遅れの原因の一つとして指摘されてきたのが司令塔の不在だ。なんらかのコロナ対策の指揮をとっている閣僚は当時、何人もいた。専門家会議などを司り国民向けのスポークスマン役を担う経済再生相・西村康稔、医療を中心に幅広くコロナ対策を受け持つ厚労相・田村憲久、ワクチン接種の担当大臣になった行革相・河野太郎、さらには大規模接種センターの運営に自衛隊がかかわるため参画した防衛相・岸信夫。感染拡大に影響する巨大イベントという点で五輪相・丸川珠代もそうだったし、飲食店や観光事業などの自粛要請がらみで経産相・梶山弘志、国交相・赤羽一嘉も関係閣僚と言えた。そして官邸の元締め、官房長官・加藤勝信は当然これに含まれる。

これだけ多くの大臣がかかわると「船頭多くして船山に登る」の例えもあるように、誰が全体を掌握し調整しているのか、なかなか見えてこない。閣内の格付けから言えば、官房長官の加藤が核となって全体を仕切るのが順当だったのだろうが、官房長官会見ではコロナ問題の質問が出ても他人事のような答弁しか出てこなかった。

そのころ、ある大臣が発言したことを他の大臣が即刻、否定したり、まったく異なることを説明する場面がたびたびあった。菅内閣のコロナ対応は混乱の極みにあった。

――コロナ対策の船頭が多すぎたのでしょうか。

石原　厚生行政に通じた大臣が多いこの顔ぶれから見れば、もっと早くワクチン接種をやれてもよかったのではないかと思いますが、なぜできなかったか。よくわからないですね。関係者の連携が良くなかったのか。それぞれ責任感の持ち方がイマイチだったか。国民の健康を守るということを優先するのであれば、きちんと責任者を決め、なにより最優先でワクチン接種を進めるべきでした。

石原が官房副長官だった1995年、阪神大震災が発生した。当時としては戦後最悪の被害となったこの震災では、政府の初期対応が遅れた。このため当時の村山富市政権は厳しい批判にさらされる。そこで政権は北海道・沖縄開発庁長官だった小里《おざと》貞利を震災発生から3日後に地震対策担当相に任命。小里が対策の陣頭指揮に立った。

石原　阪神大震災では初動が遅れたと批判されたが、あのときは通信が途絶えて貝原俊民兵庫県知事からの連絡が遅れたという事情がありました。非常に残念だった。当初、官邸では警察からの情報をもとに対応しました。すぐに小里（貞利）さんという行動力のある大臣を復興専門の大臣にして、ここを司令塔に対応する体制を築いたのです。

小里さんには「すべて内閣が責任を持つ、予算も後で面倒をみるから陣頭指揮を任せる」と言って、かなりの権限を与えました。現地で知事と相談しながら全部決めてもらい、指揮してもらいました。これで震災対応はかなり進みました。そこを評価する報道はあまりされませんでしたが、私はかなりよくやったと思っています。

あのときの危機対応は阪神地域が対象でしたが、今回のコロナ危機は全国です。さらに大変な事態です。それなのに、あのときのように官邸に非常対策本部ができたという話は聞いていません。そこはやや手ぬるいという感じがします。

――東京五輪の開催には世論の反発がありました。開催強行は菅政権の判断として妥当ですか。

石原　2020年、1年延期した時の判断が良かったのかどうかですね。新型コロナの深刻さ、感染見通しについて、当時の政権がどこまで議論したのか。もし1年遅れでどうしても（オリンピックを）やるなら、開催までに国民の大部分のワクチン接種を終わらせることに全力を尽くすべきでした。しかし、どうもワクチン接種もここにきてバタバタあわててやっている感じがしますね。

――菅首相は安倍政権でも8年近く官房長官を務めており、盤石の官邸だと思っていたのに、これほど危機にもろいとは思いませんでした。

石原信雄氏　撮影・原 真人

石原　いまは国会情勢からすれば自民・公明の与党が圧倒的に強く、政府の方針は実行に移しやすい。今回のコロナ対策も強力に執行する力を持っています。しかし、中心になる人がはっきりしません。（加藤勝信）官房長官は内閣のスポークスマンにはなっているが、いわゆる司令塔なるものが見えてこない感じがします。

インタビューが進むにつれ、石原の話の焦点は、菅政権下で官僚機構がうまく機能していない点に向けられていった。政権の危機管理が機能しないことの本質的な問題は、もしかすると、そこに核心があるのかもしれない。

官僚の力を削いでいる歪んだ「政治主導」

――官僚機構も以前ほど機能していないように見えます。

石原　官僚は昔に比べ、権限を骨抜きにされました。１９９６年の橋本行革以来、政治主導が掲げられ、役人は政治家の指示に従えばいい、重要な政策判断をすることはまかりならん、ということになりました。私が官邸にいた時代は、官僚が自分たちの責任であるという問題意識が強かったのですが、今回はどうも、内閣が権限を持っているので、内閣が何かをやってくれるだろうと指示待ちになっているようです。それならば内閣が前面に出て強力に施策を決めていけばいいのですが、そうなってもいません。

――菅首相は、総務相時代に命令を聞かなかった部下を飛ばした、と公言しています。そういうやり方が巡り巡ってこうなっているのではないですか。

石原　私は政治主導というのは、重要施策は政権担当者が決め、それを官僚がフォローする、というやり方が最もいいと思います。ただその場合、役人の組織はいったん事が決まったらスピーディーに進めるだけの強力な体制になっていないといけません。今は、なんとなく内閣に権限を集中したものの、役人の力がなくなってしまっただけという感じがします。

官僚組織が強かった時代の役人は、各行政各分野で自分の責任において実行するという意識が強かった。しかし今は「政治家に決めてもらえば、お手伝いはする」というように当事者意識が薄くなっています。それが今回、対策が遅れた一つの原因ではないでしょうか。

インタビューをした頃、官僚機構が正常に働いているのかどうかが疑われる事例が明らかになった。経済再生相の西村康稔が記者会見で、コロナ感染対策のため酒類の提供自粛を求めても応じない飲食店に対し、「金融機関などを通じて働きかけを強める」と発表したのだ。これにはすぐさま業界団体から抗議が殺到し、与野党からも反発の声があがった。結局、政府はこの方針をすぐに撤回せざるを得なくなった。

零細店に言うことを聞かせるために金融機関や卸売業者が圧力をかけるのは独占禁止法が禁ずる「優越的地位の濫用」である。この方針は西村がいきなり持ち出したわけではなく、金融庁や財務省、経済産業省など関係官庁にも事前に連絡され、首相の菅らにも報告されていたことが明らかになった。事前の調整過程でなぜ官僚が誰も止めなかったのか。少なくとも経済政策にかかわっている官僚なら、すぐに筋悪とわかる話だ。

似たような話はいくつも起きた。ワクチン接種のスピードを上げていく過程で、必要なワクチン数が確保できない自治体がいくつも出てきた。これに対し当時のワクチン担当相の河野は、一部の自治体がワクチンを抱え込んでいると決めつけ、そのような自治体への供給を絞る方針を示した。すると自治体側から「在庫を抱え込んでいる実態はない」と反発の声があがった。

大臣と現場の認識にずいぶん落差があった。その落差を埋めるために汗をかくべき官僚が機能していないことを疑わせる事例だった。

石原　役人には責任を持って対応するという意識をもってもらいたいし、同時に役人に権限も与えないといけないと思います。大事なことは役人が決めちゃいかん、すべて政治が決めるんだ、というのでは役人がもっている本来の力を奪うことになります。実行するのは役人です。その役人たちに、情報収集を含めて対応できる権限を与えないで、ただ使い走りだけしろ、というのでは力が出ませんよ。

今回のコロナ危機対応のようなときには、役人はすぐに行動を起こさないといけない。中央の指示待ちじゃいかんわけですよ。日本にコロナ災害というのが起きたのは、政治体制の強化の裏で行政の弱体化が進んだ一つの結果だと私は見ています。

——官僚人事を官邸が掌握するようになったことも原因ですか。

石原　内閣人事局ができて、省庁の幹部人事を官邸が掌握するようになりました。そのことが官僚組織の取り組みに微妙な影響を与えています。所管行政について役人が我がこととしてただちに取り組むのが遅れちゃっているわけです。コロナのような伝染病に限らず、自然災害でも国際紛争でもそうだが、臨機に現場が対応するという体制が弱くなったのは否めないと思います。

内閣人事局ができる前から、省庁の人事は最終的には内閣が決めていました。でも実際には各省が決めた人事を尊重し、よほどのことがない限りは官邸が差し替えたりはしない、各省の考えを尊重する、というやり方でした。私が官房副長官のときもそうやっていました。しかし、今は（各省から人事案の）材料だけ官邸に持ち込ませて、官邸で決めるというわけでしょう？　600人の指定職（各省庁の次官や局長など幹部クラス）は官邸が決めるという形になっている。これは非常に役人の士気に響きます。

――ではどうしたらいいでしょうか。

石原　行政分野ごとに誰が一番（そのポストに）適任かは各省が一番よくわかっています。官邸は全体（の人事のバランス）を見るが、実質的には各省の人事案を尊重し、それを官邸がオーソライズ（公認）するというやり方がいい。材料だけ持ち込ませて官邸が決めるというのでは良くないと思う。それでは本当の意味での各省の力が出ませんよ。役人には責任も権限もある、という風にしたほうがいい。そのほうが、結果的に行政が機能するようになって国民も幸せだと思います。

インタビューの前年、日本学術会議が推薦する6人の会員候補の任命を菅政権が拒否したという問題が明らかになった。官僚への締め付けにも通じる、政権の強圧的な体質が表に出た事例だ。この点についても石原に感想を求めた。

――日本学術会議の任命拒否問題についてはどう見ていますか。

石原　詳しくは知りません。学術会議の会員は内閣が任命するが、今まではだいたい学術会議側が決めてきたことを（官邸が）認めてきました。制度として学術会議のあり方と、任命のあり方をもう一度決めたほうがいいでしょうね。

学術会議の性格をどう位置づけるか。内閣任命である以上は政府批判をする人は入れない、ということもあり得るわけだが、ならば今のような組織のままでいいのか。政権に常にネガティブな人を選ぶというのもどうなのかということはあります。

もし政府批判をする人も受け入れろ、というのであれば、こんどは政府任命という形でいいのかどうか。自由に政府批判をすることも尊重するなら、内閣が任命するのではなく、人事の報告だけを（内閣が）受け取る制度にするということだってありうる。そのあたりをどうするか、もう一度決める必要があるのではないでしょうか。

政権交代でも官僚人事いじらず

――長期政権が続いたり、菅政権のように長期政権の延長線上にあったりする政権だからなのか、ものごとの決め方が荒くなっていませんか。

石原　私は官房副長官として自民党政権にも非自民党政権にもお仕えしましたが、長い目でみれば政権交代があったほうがいいと思います。1993年、宮沢内閣は内閣不信任案の可決を受けて解散し、選挙の結果、非自民政権（細川政権）になりました。（それぞれの政権が）いいか悪いかはともかく、民主的な政治が続くにはときどき政権交代があったほうが望ましいものです。一党独裁でないほうが国民の声が反映しやすくなります。

——たくさんの政権を支えたわけですが、問題はなかったのですか。

石原　不思議な感じもしますね。竹下、宇野、海部、宮沢と4代の自民党政権にお仕えし、そのあとの細川、羽田、村山という非自民政権でもその仕事を続けました。正確には村山政権は自民党との連立政権ですが。当時は行政の中立性というものが認められていました。行政執行の面で、自民党政権時代に決まっていたことを細川政権になったからと言って、ひっくり返されたということはなかったですよ。

私は事務の官房副長官だったので、もし自民党政権時代に決まっていた官僚人事などを根本から否定されたら辞めようと思っていました。しかし、細川政権からは「官房副長官に残ってほしい」と言われたので、はっきり条件を出しました。「前政権が決めたものは何もかもダメということではなく、いいものはいいと言い続けますが、いいですね」と。自民党政権の番頭としてやっていた自分が非自民政権でも残るということはそういうことだと思っていました。だから「国民のためにいいと考えて決めたことは残してもらわないとお仕えできません」と申し上げ、認めてもらったのです。

――歴代政権はみなそれを認めてくれたのですね。

石原　政権が自民、社会、さきがけの連立の村山政権になっても、「官僚人事は任せる」と言ってもらいました。各省人事をそのまま前政権から引き継ぐのはいかがなものか、という意見も政権内にはありましたが、私は「いったん決めた人事なので、そのままでないと混乱します」と申し上げ、そのまま通してもらいました。政権が代わっても各省庁から不安が出なかったのは、決まっていた人事を新政権がそのまま受けてくれたことが大きかったと思います。政権交代のたびに役人がガラガラと替わるような人事はよくないですよ。大正デモクラシーのころね、当時の民政党と政友会が争って、政権交代のたびに役人の人事がガラガラと変わったそうです。あれが非常にマイナスになった、と当時を知る人たちから話を聞いたことがあります。

（インタビューは2021年8月、オンライン版「論座」に掲載）

「強い政権」と見られていた安倍政権、菅政権ともに、コロナ危機のような有事になると実はそれほど強い政権ではなかったことが露呈した。なぜだったのだろうか。

「両政権とも〝正規軍〟政権ではなく、〝ゲリラ軍〟政権だったからです」

ある官僚はそんな見方を示す。

「ゲリラ政権は、平時の政策では玄人ずれしていない普通の常識を発揮して、省庁の縦割りを廃し、結果オーライになるケースも多々あった。しかしコロナという本当の有事に直面したら、省庁という正規軍もフル動員して総力戦にしなければいけなかった。それなのに、これまでのゲリラ的な戦い方を続けてしまった。それが敗因の一つではないでしょうか」

このたとえは言い得て妙だ。ゲリラ軍は正規軍を倒すことに存在理由がある。安倍政権も菅政権も、官邸の指揮下にあるはずの各省庁を「敵対勢力」と見なすことがしばしばあった。『安倍晋三回顧録』にも、はっきり安倍の言葉で財務省への不信が記されている。

だが、そのような陰謀論を持ち出す前に考えてほしいのは、各省庁は政府内組織であり、官僚は首相の「部下」であるという事実だ。政権が政策のパフォーマンスをあげるために使いこなす「手足」である。国家全体、政府全体を統治する思想というのは、お気に入りの者たちだけを集め、別動隊を動かす発想とは本質的に異なる。

そこを理解しない安倍政権の異形の統治スタイルも、アベノミクスのような異形の政策が長きにわたって生きながらえた原因だったかもしれない。

第5章

モノあふれる時代の「ポスト・アベノミクス」

「資本主義は失敗する」と予言したのはカール・マルクス（1818〜83）だが、「創造的破壊」の概念で知られる経済学者ヨーゼフ・シュンペーター（1883〜1950）もまた、資本主義は永遠には生き延びられない、と見ていた。ただし、理由はマルクスとは異なる。

シュンペーターは「資本主義は失敗するどころか大成功する、むしろ成功しすぎてさらなる革新が求められるようになる」と見ていた。そして、企業家は次第にそれに応えられなくなっていずれ自壊するというのである。

現実はどうか。冷戦下で社会主義との競争に打ち勝った資本主義は、この30年余り、グローバル化と経済成長を推し進めるただ一つの経済システムになった。ただし近年になってからは欠陥がかなり目立つようになってきた。持てる者と持てない者の格差の拡大、貧困の広がり、中間層の退潮……。先進国では経済の長期停滞も心配されるようになった。

一方で、中国やロシアなどのように、市場経済での利益を享受しつつ国家がそこに介入するいわゆる権威主義的な資本主義、国家資本主義の台頭という現象も無視できなくなった。民主主義を伴う自由資本主義がかつての輝きを失い、その陣営の盟主である米国の国力にも陰りが見える。トランプ現象に見られるように党派間の分断も深刻だ。

いわば自由資本主義は〝自壊〟の瀬戸際にあるとさえ言える。ロシアを自由資本主義の陣営には完全に取り込めず、陣営の外に追いやってしまったという文脈でいえば、ロシアのウクライナ侵攻の底流にもこの問題が横たわっている。

日本では首相の岸田文雄が「新しい資本主義」を政権の看板に掲げた。もっとも岸田が言う「成長と分配の好循環」が、成長重視の安倍政権がやろうとしたことと何が違うのかは判然としない。「高成長の日本よ、もう一度」というアベノミクス路線を取り込んでいくのか、それと一線を画して分配重視に方向転換するか。あるいはまったく別の道をめざすのか。今のところ、どっちつかずで、何とも言えない。

少なくとも今、間違いなく言えることは、政府と日銀がこの10年進めてきた「アベノミクス資本主義」は完全に的はずれだったということだ。

日銀がお札をどんどん刷って金融市場にばらまく。政府は全国民に現金を給付し、コロナ下の消費を盛り上げようと試みる。結局は、目標とする経済成長も物価上昇も実現できず、人々は給付金を使わず貯蓄を積み上げただけだった。残されたのは巨額の財政赤字である。

膨大なコストをかけた壮大な「社会実験」の結果を、政府も日銀も、さらには私たち国民も謙虚に受け止めて反省材料にすべきだろう。

気がつけば日本は先進国のなかで、それほど裕福な国とも言えなくなった。日本政府の実態は、さまざまな行政サービスのために十分な予算を投じられないほど「小さな政府」となっている。崩壊寸前の社会保障政策や子育て政策をみれば、その立て直しが喫緊のテーマであるはずなのに、国民負担を増やすことを避け続けている。政権も国民も進むべき道を決めあぐねているようだ。

いま必要な「新しい資本主義」とは何か。まずそれを探すところから始めねばなるまい。

水野和夫◉アベノミクスの本質は「資本家のための成長」

どんな資本主義が望ましいのか。そもそも資本主義や経済成長は私たちにとって必要不可欠なものか。この章では、そういう大きな問題意識をもって賢人たちの意見を聞いてみたい。まずは「資本主義は終焉した」と喝破する経済学者、水野和夫の話を聞く。

数百年レベルの歴史軸のなかでアベノミクスはどう位置づけられる政策なのか。いま起きている経済現象はどんな歴史的意味をもつのか、巨視的な歴史観で存分に読み解いてもらおう。

●水野和夫・法政大教授

みずの・かずお　1953年、愛知県生まれ。法政大法学部教授。早稲田大政治経済学部卒、埼玉大大学院経済科学研究科博士課程修了。三菱UFJモルガン・スタンレー証券チーフエコノミストを経て、内閣官房内閣審議官（国家戦略室）などを歴任。著書に『資本主義の終焉と歴史の危機』『閉じてゆく帝国と逆説の21世紀経済』（以上、集英社新書）、『次なる100年——歴史の危機から学ぶこと』（東洋経済新報社）などがある。

——「アベノミクス」とは歴史的な視点からはどう位置づけられる試みだったのですか。

水野　すでに終わってしまった近代を「終わっていない」と勘違いしている人たちが作った支離滅裂のフィクション（幻影）と言えましょうか。いわば16世紀の宗教改革の時代に反宗教改革をリードしたイエズス会のようなもので、騎士の時代が終わっているのに騎士道を説くドン・キホーテのような存在でした。

——ずいぶん時代はずれの試みだったことはわかります。具体的にはどういうことで

水野和夫氏　撮影・原 真人

すか。

水野　アベノミクスの「3本の矢」のうち、第1の矢は大胆な金融緩和です。物価を上げ、成長率を上げることをめざす政策でした。実質GDP（国内総生産）が成長すれば、あらゆる問題が解決できるようになります。フランスの歴史家フェルナン・ブローデル（1902〜85）は「成長はあらゆるケガを治す」と言いました。まさに彼の時代はそういう時代でした。成長すれば税収や保険料収入も増えるから、社会保障政策もうまくいく。人手不足になれば賃上げがおこり、生活水準が上がって、中産階級ができる。そうすると政治も安定して不都合なことは何もない。成長さえしていれば、すべてうまくいくと考えられてきました。しかし、そういう時代はおそらく1970年代、80年代で終わったのだと思います。

　この20〜30年で起きたのは、資本は成長しているけれど賃金が下がっている、ということです。「成長があらゆる問題を解決する」というのは、いまや資本家だけについて言えることです。その背後で働く人々は踏み台にされ、生活水準を切り詰めることを迫られています。先進国はどこも一緒です。米国ではトランプ現象が生まれ、欧州ではネオナチが移民排斥を唱え、英国は欧州連合（EU）からの離脱を選びました。先進国はどこもガタついている。民主主義国家の数が減って、専制主義や権威主義の国が増えているのはそのためです。

――成長で人々は豊かになれなくなったと？

水野　アベノミクスが失敗したのは、そもそも近代の土台となってきた、中間層を生み出す仕組みがなくなってしまっているためです。いままでは成長で中間層が増え、みなの生活水準が上がっていった。そこまでは、成長はいいことだ、ということで良かったのですが、成長しなくなったとき、いったい何をめざしたらいいかわからなくなってしまったのです。安倍晋三元首相も成長の先にどういう社会をつくりたいのか、結局言えませんでした。本当は「成長」は最終目的ではなくて、中間手段のはずなのです。

経済産業省の産業構造審議会の分科会が出した、悪名高き「伊藤レポート」というのがあります。伊藤邦雄・一橋大教授（当時）が２０１４年に座長となってまとめたものです。ここで日本企業はＲＯＥ（株主資本利益率）を８％以上にする目標が掲げられました。さらに欧米企業の水準である15～20％まで上げてほしいということも、明文化こそされなかったけれど報告の行間に漂っていました。

当時、日本企業の平均的なROEは5〜6%でした。つまりアベノミクスというのは「ROEを5%から8%に引き上げよ」という資本の成長戦略だったのです。安倍政権は、成長の主語が資本家だということを隠していたのではないでしょうか。

安倍政権は「新3本の矢」で、「名目GDPを600兆円にする」という目標も掲げました。当時のGDPは500兆円。5%だったROEを15%くらいに引き上げるためには、名目GDPが増えた分100兆円がすべて当期純利益に回らないと、そこまでいきません。これらの目標に賃金はもともと反映されていません。もし賃上げにも反映させたいなら、実質2%、名目3%ていどの成長ではぜんぜん足りません。安倍政権は賃上げを企業に求めましたが、具体的な数値目標は言いませんでした。

——第1の矢（金融緩和）が資本家のための成長戦略だったとしても、第2の矢（機動的な財政出動）で労働者らへの分配を念頭に置いていた可能性はないですか。

水野　ちがうと思います。なぜなら安倍政権は社会保障をそれほど充実させてきませんでした。機動的な財政政策というのは、異次元緩和で物価が上昇していけば、さらに機動的な財政で実弾を注ぎ込む、という程度の意味だったと思います。

――あくまで資本家のための戦略だったということですか。

水野　そうです。

何のためのアベノミクスなのか

――アベノミクスの第3の矢は文字どおり「成長戦略」です。ただ、それは安倍政権に限らずこの何十年も歴代政権が打ち出してきたことです。経済学はここ数十年、サプライサイド（供給重視）が主流だったので、政治も経営者も「供給側さえ強くすれば景気がよくなり経済が強くなる」という発想になっています。あとはトリクルダウンで生活者も豊かになるという発想ですね。それがまちがっていたのでしょうか。

水野　供給サイド経済学の大本はイノベーションです。技術革新を起こさないといけない。近代社会のイノベーションというのは、より遠く、より速く、でした。ジェームズ・ワット（1736～1819）が開発した蒸気機関がもたらした効果を、当時のジャーナリストは「結合」と言ったそうです。欧州と米国をつなぐ定期航路ができて大陸がつながったのです。何月何日の何時ごろに欧州からの荷が米国の港に届く、ということの確実性が増しました。

産業革命は今、「第4次」と言われていますが、その中心となるＩＴだって（効果は）結合です。蒸気機関と違う発明だと言いたいので第4次と言っているのでしょうが、結合という観点でいえば第1次の延長線上でしかない。人々は今、インターネットやメールでより短く結合している。その結果、より遠く、より速くの限界がいま来ています。

象徴的なのは、マッハ2のコンコルドが技術的な問題なのかコスト的な問題なのかわかりませんが、今世紀初頭に運航停止になりました。さらに太平洋航路のジャンボ機もその後、運航停止になりました。どちらも合理性に合わなくなったのです。

情報の流通も同様です。米ウォール街で普及した（コンピューターで自動的に大量に株売買をする）高速高頻度取引は、10億分の1秒で取引をやってしまうそうです。これは国民の幸せとはまったく関係ない速さですよね。

――たしかに本末転倒になっています。何のための技術革新なのか。

水野　ニューヨークでやっているから東京証券取引所でもやるというのも、おかしな競争です。これも限界にきています。たとえば高速取引を10億分の1秒から100億分の1秒にできたからといって、どうなのかということです。これは中間層にはまったく関係ない話です。何十億円、何百億円の投資をする人だけがアクセスできる取引の話であり、ふつうの人にはまったく関係ない。

国民国家体制というのは国民が幸せになる仕組みのはずです。国王や貴族だけが幸せになることでなくて。では国民が豊かになるというのはどういうことか。フランス革命は「自由と平等」を掲げました。「自由というのは所有の関数」と言ったのはカナダの政治学者、C・B・マクファーソン（1911〜87）です。所有物が多ければ多いほど人間の自由度は高くなる。自由に行動するためには所有権が必要だと。うまいことを言うものです。

たとえば今、ビリオネア（保有資産10億ドル＝1300億円以上）と呼ばれる人たちが金融資産（現金や預貯金、株式、投資信託など）をどんどん増やしています。金融資産を保有していない人は日本でも2割強いますが、80年代後半は3％しかいなかった。つまりこの30年で資産をなくした人がいっぱいいいたわけです。これは資産をたくさんもっている資本家のための自由はあるが、多くの国民はどんどん自由を失っているということです。

めざすは明日の心配をしなくていい社会

——経済学者アンガス・マディソン（1926〜2010）の長期経済推計調査によると、人類は紀元1年からずっとゼロ成長が続いていて、それが19世紀になると1人当たりGD

Pが2％成長に急激に上昇したそうです。そのころ所有権などの法整備が整い、産業革命の技術の枠を資本にもっていける基盤が整ったからです。つまり所有権が成長を生んだことになります。所有権は民主主義、個人主義の基盤でもあるので、多くの人はこれを必要と考えているのではないですか。

水野　17世紀の英国の哲学者ジョン・ロック（1632～1704）は「所有権」の正当化を主張した人ですが、「所有権は正義でもあり悪でもある」と言っています。前後の文脈を読むと、豊かな人は死にそうな人を助けなければいけない、それも豊かな人の所有権に含まれている義務だと言うのです。

――欧州の富裕層には今もそういう思想が残っているのでしょうか。

水野　そうですね。ただ、だんだん社会が大きくなっていくと、倒れている人がどこにいるのかわからなくなる。それで生まれたのが福祉国家です。社会保険、失業保険、介護とか。ロックの思想をもとに、第2次大戦後の英国では社会保障制度の土台となったベバリッジ報告が出てきました。困っている人を助けようにもお金持ちはなかなか目が届きません。そこでその代わり累進課税にして、困っている人を救うための負担を金持ちにさせることにしたのです。その仕組みがいま崩壊しつつあります。

世界のビリオネアの総資産は13兆〜14兆ドル、日本円にして1600兆円超あります。もし、その半分でもコロナ禍の対策のために寄付していれば、800兆円が捻出できました。だけど、そんなことをビリオネアからは言い出しません。コロナ基金を作って病院を設けましょう、などという動きはなかった。欧州の伝統もなくなり、困っている人がいたら「自助努力が足りないからだ」ということになってしまいました。

——どうしたらいいのですか。

水野　経済学者のJ・M・ケインズ（1883〜1946）が言っているのですが、経済学の目的である「豊かにすること」はあくまで中間目標です。その先にあるのは「明日のことを心配しなくていい社会」です。そのためには社会保障を充実しないといけない。困ったときには援助の手がさしのべられる。今なら国家によってです。

労働問題でいえば、非正規労働者が3年勤務して更新できないなんて問題も最近はあります。非正規労働、派遣制度はすぐやめるべきです。勤めている人の最大の特権は辞める自由です。だけどいまは会社が「辞めさせる自由」をもっている。これはおかしい。働く人は労働力を提供しないと生きていけない。だが資本家はAさんの労働力を買わずともBさんを買う自由がある。非対称的な力関係です。

辞める権利は労働者側にはあるが、辞めさせる権利は会社側にはない、というような仕組みにしないといけない。そうなれば、人事担当は真剣に採用しないといけないし、入ってからの研修制度も充実させないといけないということになる。働いている人も、引退した人も、明日のことを心配しなくていい社会にしないといけない。

労働時間を減らしても日本経済に問題なし

水野　次にやらないといけないのは労働時間の短縮です。ケインズは、将来の労働は週15時間になると予言しましたが、それはちょっと無理にしても、もっと短縮が必要です。ドイツでは派遣・非正規も含め1人当たりの年間労働時間が1300〜1400時間です。日本は1700時間ほど。300時間余分に働いて1人当たりGDPはドイツより劣っています。もし日本人の能力が3割劣っているなら長時間労働もやむを得ないのですが、そうではありません。

――日本人の労働時間の長さは完璧性、たとえば、商品をピカピカに磨くとかお辞儀をするとか、そういう追加的な仕事が積み重なった結果ではないのですか。

水野　付加価値につながらない仕事をいっぱいやっているからです。内閣府で働いていた時、内容が重複している白書を多くの人員と多大な労力をかけて作成していることに疑問を抱き、上司に誰のために作っているのか聞いたことがある。大臣に説明する会議の分厚い資料だって大臣はろくに見ていないのに、何のために作るのだろうと思っていました。

――でも日本の公務員は先進国で人口当たり職員数が一番少ないです。よく働いているとも言えるのでは？

水野　内閣府でも人手が足りない、足りないと言っていました。それなら不必要な仕事をやめ、必要な仕事にシフトすればいいだけの話です。霞が関流の無駄なやり方が、出向者などを通して民間シンクタンクに広がり、民間企業のなかでも広がっていくわけです。こうやって欧米より3割ぐらい余計に無駄な仕事をしている。1人当たり300時間くらい時短をしても日本のGDPはぜんぜん減らないと思いますよ。

近代社会に代わる社会を作るしかない

――社会福祉の充実には賛成ですが、それには財源が必要です。国民はその財源を税金や保険料で負担したくないから、みな「成長」という言葉に逃げているのではないですか。アベノミクスは資本家のためでもあるけれど、結局、国民も望んだ結果ではないでしょうか。

水野　そうですね。成長すれば何とかなるという刷り込みが国民に行き渡っています。でもそれが終わっているのは、今世紀のコンコルドとジャンボの引退ではっきりしています。近代でも中世でも一つの時代の中心概念はなかなか動きません。中世は神様であり、天動説でした。神様は決まったところにいて動かない。天球の一番上にいる。それをコペルニクスによって宇宙は無限ですよと言われ、神様の位置がわからなくなった。

近代は神様が追放され、すぐに貨幣が中心になりました。貨幣が世の中で回転すると資本になるので、資本が世の中の中心になります。だから資本主義社会になったのです。

最初は英ポンド、次にドルが基軸通貨となりました。ドルは金とリンクして固定相場制だったが、ニクソンショックで金と結びつきがなくなる。その結果、インフレが起きて、貨幣価値が目減りしていく。円安になればドル換算で実質価値が目減りします。

ニクソンショックで資本家たちは「俺のもっている資本がいくらか分からない」と不安になり、より資本蓄積に励むようになりました。1円でも資本を増やさないといけないという強迫観念にかられたのです。

米誌フォーブスによると、いまビリオネアは世界に2700人以上います。そのなかの上位10人が持っている資産を毎日100万ドルずつ使ったとしても全部なくなるのに414年かかると、国際NGOオックスファムが計算しました。所有権というのは自由の関数だったはずですが、死んでから400年間も自由が保障されたとしても、もはや関係ありません。超富裕層の所有権はまったく意味をなさないくらい膨張してしまったのです。

その一方で金融資産ゼロの人は自由が制限されています。病気になったときに入院できる自由はありません。その意味で、近代社会は崩壊しているのです。それなのに近代社会の前提である「成長がすべてのケガを治す」という概念が多くの人の頭のなかには依然としてこびりついているのです。

——とはいえ、みな近代社会を放棄しようというつもりはなく、近代社会を再生したいと願っているはずです。

水野　近代社会じゃない社会を作り直すしかないですよ。

——社会主義ではないですよね？

水野　社会主義ではないです。資本主義も社会主義も近代社会から派生してきたものです。資本主義は市場の合理性を信じ、社会主義はテクノクラート（官僚）の合理性を信じた。ソ連のノーメンクラトゥーラ（エリート層・支配階級）の人たちが1年間の生産計画もすべてわかっているという前提の社会主義は、先に崩壊してしまいました。人間に対して合理性を信じた社会主義が崩壊し、いま市場に対して合理性を信じた資本主義がおかしくなっている。いちど崩壊したら、もはやリフォームはできないものです。

無理に成長めざす必要はない

――リフォームができなくっても、それに変わるシステムが見当たりません。

水野　そう、ないことが問題です。

――中国の国家資本主義のようなやり方も登場していますが？

水野　あれは資本主義と社会主義のダメなところを両方あわせたようなシステムです。

――今めざすべきモデルは何もないということなら、このまま行くしかないというのが大方の意見だと思います。それではだめですか。

水野　近代はもうリフォームできないのです。コペルニクスによって天動説が否定されたにもかかわらず、ルターが宗教改革をやった。しかしそれも失敗して近代社会になった。中世も一所懸命、リフォームしようとしたのです。だけど結局、前提の宇宙論が崩れると崩壊してしまう。古代だって西ローマが崩壊して、もういちどカール大帝が西ローマ帝国を復興させましたが、すぐそのあと分裂して暗黒の中世に入っていきました。

近代も同じです。米国ではアルコール中毒や薬物中毒の患者たちによる絶望死が増えているそうです。50代、60代の白人男性が多いとも。近代社会、自由社会のチャンピオンである米国でさえ、そうなっている。トランプ現象を生み、議事堂襲撃事件を起こしているのです。長い間みなが信じていたシステムがいったん崩れたとき、おそらくもう戻れないのだろうなと思います。

――もうダメというだけでは絶望を広げるだけです。なにか新しい希望もご提示いただかないと。

水野　私が言えるのはせいぜい無理に成長をめざす必要はもうない、ということだけです。近代社会では、より速く、より遠くへ、合理的に、という行動原理がうまくいきました。13世紀に『東方見聞録』を書いたイタリアの商人マルコ・ポーロ以来、欧州の商人たちはインドまで行って大もうけしました。でもその商人たちには、その行為がキャピタリズム（資本主義）だという認識は誰にもありませんでした。より遠くへ行けばもうかる。それだけのことでした。

キャピタリズムという言葉を初めて生み出したのはドイツの経済学者ヴェルナー・ゾン

バルト（1863～1941）です。『資本論』のカール・マルクスもキャピタリズムという言葉は使っていなかった。『資本論』は「キャピタル」です。それは13世紀からありました。そして16世紀になると、キャピタリスト（資本家）という言葉が出てくる。彼らの行為を一つのシステムとしてとらえる「キャピタリズム」という概念はその何百年も後になってようやく出来たのです。

先進国のなかでも豊かな人と貧しい人に分かれていくのが資本主義なので、ロックは「貧しい人を救え」と言い、ケインズは「ピラミッドを作ってでも公共投資をやって失業から回復させろ」と言って資本の暴走を抑えてきました。でも途中でまたおかしくなってしまう。資本家が我慢できなくなって本性を現すからです。

ケインズは「英国の資本家の第1号は海賊ドレークだ」と言いました。フランシス・ドレーク（1543頃～96）がスペインから略奪した財宝を英国に持ち帰ったことで、英国では物価が高騰して実質賃金が大幅に下落し、資本家は利潤を増やしたといいます。

資本家というのは普通の人がやらないようなことをやる。そうでないと投資の元手が手に入れられないわけです。ふつうに働いていたらなかなか資本家にはなれません。工場を買い取るとか、場合によっては一線を越えた賭けをしないといけない。それで法律にひっかかったら排除されるし、運良くひっかからなければいい。当時、海賊は海の法律がなかったからドレークは逮捕されませんでした。

——水野さんが「資本主義はコレクション、蒐集《しゅうしゅう》の行為」と言っているのはそのことですね。

水野　資本主義の蒐集には際限がなく、ゴールがないのです。ネオリベ（新自由主義者）が権力を握って、その際限ない仕組みをもういちど整備し修復したとしても、あるいはネオリベを否定して、社会福祉のケインズのようなことをやって、いったんもたせたとしても、またいずれ資本家の本性は出てきます。ならばもうキャピタリズムをやめてもいいだろうと思うのです。

ケインズは「資本が足りないときは資本家が不正なこと、横暴なことをやっても、まあそれは見逃してやろう」と言っていました。ケインズも資本家は横暴だと思っていたのです。それでも食料工場が足りなくなれば食料が供給されなくなってしまいますからね。だけど現代のように資本がいっぱい行き渡ったら、ダメなものはダメと言わなきゃいけない。ようやくそれが言える時期にきたのだろうと思います。

利潤を極大化しない交易をすればいい

――アベノミクスはやりすぎでしたが、資本主義で豊かな人口が増え、おかげで寿命が延び、生活水準が上がったのは確かです。戦争も減りました。資本主義をやめたら、また暗黒、戦争、貧困の時代になりませんか。

水野　ロシアのプーチン大統領は、国内が貧しいから内政の失敗を国外に目を向けさせてごまかそうとしました。しかし、欧州、米国、日本のような国々はもはや外に領土を取りに行く必要はないし、資本をこれ以上増やす必要もない。まだ貧しい国は資本主義をやってもいいが、必要なものをどこにいても調達できるようになった日本のような社会では、もはや資本主義は必要ないのではないでしょうか。

――もしかすると米国なら食料とエネルギーが自給できるので可能かもしれません。しかし日本は多くを輸入に頼っています。自由貿易とか、資本主義がない世界では供給能力を満たせなくなってしまうでしょう。日本は資本主義をやめられないのではないですか。

水野　資本主義というのは利潤の極大化のことです。しかし自由貿易は利潤を生まなくたってできる。必要なものを農業国から買ってくることはできます。利潤を増やさなければば単なる交易であり、自由貿易は続ければいい。

――貿易を担うのは誰ですか。

水野　企業です。

――企業が自由貿易を担う段階で、それは資本主義ではないのですか。

水野　要するに必要なものだけを作る企業でいいということです。

――ソ連時代の計画経済に戻ってしまうような感じです。

水野　計画経済だと1年間の生産量を中央官僚が決めます。私が考えているのは、市場は残すけれど、企業がROEを8%にするほど利潤をあげなくても十分という世界です。

――企業が利益を極大化するのでなく、ほどほどで止めておけと？

水野　ケインズも資本の利潤率は土地の利回りより低くていい、と言っていました。つまり、ほどほどでいい、と。

――日本企業は欧米企業に比べてROEが低いのが問題だと言われてきましたが、実は日本企業のその状態の方が良かったということですか。

水野　今となってみれば、そうですね。土地の利回り、たとえば最近のREIT（不動産投資信託）の利回りが3～4%なので、ケインズ流に言うなら資本の利潤率は3%以下でいいということになります。伊藤レポートが出た当時の日本企業のROEは5〜6%でしたから、むしろそれを減らせという報告書にしなければいけなかった。逆行していました。

ゼロインフレ・ゼロ成長の社会がベターだ

——日本企業は利幅が小さく、国内で価格も上げられない。物価も抑制的です。昨今それがよろしくないということになっていました。水野さんが描く世界は、ベストでないにしても相対的には欧米に比べて日本のほうが良かったということでしょうか。

水野　そのほうが良かったと思います。米国の中央銀行FRBのグリーンスパン元議長が言っていたのは、「物価を意識しない水準が望ましい物価」ということです。究極はゼロ%インフレです。インフレになると企業は売り惜しみをします。インフレがなければ資源の無駄遣いもなくなる。急いで買う必要も、売り惜しみも必要なくなります。日本ではバブル崩壊後、結果的にそれが実現していました。無理に2%インフレ目標を掲げて、物価を引き上げようとしたのがアベノミクスでした。

——ゼロ金利・ゼロインフレ・ゼロ成長は欧米から「ジャパニフィケーション」（日本

化）と言われ、避けるべき状態と言われてきました。むしろそれが望ましい状態だということですか。

水野　そうです。「ジャパニフィケーション」とは、ヨーロッパが発明した「モダニゼーション」（近代化）と資本主義が上手く機能していないということを覆い隠すために使用している言葉です。日本のバブル崩壊後の姿は、より欧米の資本主義を忠実に実行してきた結果ですから。

――19世紀の英国の思想家ジョン・スチュアート・ミル（1806～73）は、経済成長は最終的に「定常状態」になると考えたそうです。水野さんも同じ考えですか。

水野　そうです。いま起きているのは（成長重視の）新古典派の世界でなく、ミルやリカードら古典派学者が言っていた世界がようやく百数十年たって実現しつつあるということです。

――私も無理に成長率を引き上げるのはどうかと思います。ただ、相対的に他の国より成長率が低いと、国家としての力も相対的に弱くなります。他の国から攻められるような時には不利になるし、いざという時に備えて力を蓄えておかなきゃいけないという動機も成長主義にはあると思います。日本だけが成長を諦め、お隣の中国がもっと大きくなってしまったら、日本は安全保障面でも脅かされませんか。

水野　日本はたぶん中国の30年くらい先を走っているだけです。この先、どの国も日本を追いかけてゼロ金利の世界になっていくと思います。

――ゼロ金利、ゼロインフレ、ゼロ成長は必然だったのですか。

水野　成長重視の新古典派学者らは、限界生産力を上にシフトさせることがイノベーションだと言っていました。そうしないと限界効用がどんどん下がって、いずれモノを作ったときの効用はゼロになってしまうからです。でも今の日本でいえば、スマホを新しく作っても、2年前に買った消費者はもう買いません。買い替える人がいたとしても、2年間でスマホの機能がどれほど変わったのかと思うでしょう。消費者もだんだん気がついています。

日本は明治維新から先進国のなかで人口増加スピードが一番速かった。3000万人からスタートし、1億2000万人を超えました。この百数十年間で日本が一番フルスピードで走ってきました。いま韓国がそれ以上のスピードで走っているから日本は1人当たりGDPで追い抜かれようとしています。でも、いずれ同じことになります。

どの先進国も出生率は（人口を維持できる水準の）2を割っています。移民を増やさない限り人口は減ります。日本は移民を増やしていないから人口が一番減っている。それだけのことです。結局はどの国も日本を追いかけることになります。

日本人は韓国に抜かれそうになってくやしいと言っていますが、日本だって戦後、英国やフランスを追い抜いてきたのです。でも英国人がくやしいなんて言わないじゃないですか。

米国の経済学者ウィリアム・ボーモル（1922～2017）の成長収斂《しゅうれん》仮説というのがあって、1人当たりGDPは最終的にどの国も4万ドルくらいに収斂していくというのです。そこに速くたどり着いた国ほど矛盾点も早く出てくる。いまの日本がそうです。300年400年かけてゆっくり近代化し、そこにたどり着いた欧州の国では、まだ日本ほど著しい人口減とか借金膨張とかの問題が出ていません。でも、いずれ同じことになります。

人口大国の1人当たりGDPが低いのは当然
――米国の1人当たりGDPは日本よりはるかに高いですよ。

水野　米国は6万ドルと日本よりずいぶん高いです。それは基軸通貨国という特殊な要因があるからです。あとは、高い国はスウェーデンとかクウェートとか人口がそれほど多くない国ばかりです。統計的には人口が1000万人を下回ると、1人当たりGDPが指数関数的に上に上がっていく傾向があります。

——確かにルクセンブルクとかシンガポールなど人口小国が金持ち国の上位にいます。

水野　それに比べて、中国やインドのように人口10億人超の国はみな貧しい。米国と日本、ドイツだけが人口が多いにもかかわらず1人当たりGDPが比較的高いのです。人口上位20位内で高いのは日米独だけです。スウェーデンの1人当たりGDPが6万ドル強と高いですが、人口はせいぜい1000万人強。それなら日本だって愛知県の人口は約750万人ですから、たとえば自動車産業をぜんぶ愛知県に集約して家族合わせて人口1000万人にすれば同じことができます。自動車産業の従事者500万人の「愛知国」を独立させたら、1人当たりGDPは6万ドルとスウェーデン並みになります。

人口1000万人の国なら得意分野に特化できます。たとえばITや金融、観光などです。韓国も人口約5000万人の国だからけっこう電機産業などに特化できたのです。でも日本では人口1億人で特化するのは難しい。ぜんぶ自動車産業に特化したら10倍の生産能力になるので、世界で自動車を作るのが日本だけになってしまう。そんなことは許されないでしょう。

――人口が少ない方が、貿易理論の「比較優位」の法則が働きやすいわけですね。

水野　1億人もいると段々畑までちゃんと労働者が従事しなければいけなくなります。それだと生産性の面ではどうしても低くなります。どうしても1人当たりGDPで世界一をとりたいなら、愛知県を独立させればいいし、東京を金融特区にするとか方法はあります。だがそれは意味のないことです。順位が低くても別にそれほど心配する必要はないです。

――日本はバブル景気のときに米国に勝るほどの金持ち国になったつもりになって、90年代には1人当たりGDPがトップクラスになったときもあったので、それで勘違いしてしまったのでしょうね。日本はこれから何をめざしたらいいでしょうか。

水野　これまでの目標をひっくり返すことです。こんどは、よりゆっくり、より近くに。

――難しいことですね。資本主義をやめるわけにはいかないでしょうから。

水野　資本主義の定義が「資本の自己増殖」だとすれば、すぐにやめられます。無用な拡大をやめて適正利潤にすればいいだけのことですから。

株式会社はもう上場しなくていい

――株式会社制度も否定されるのですか。

水野　株式会社は、もう上場しなくていいと私は思います。株式上場というのは資本調達をするのに有利です。だけど、いまの企業は内部留保が潤沢となり、資本調達しなくてもいい状態です。

――そういえば、みずから上場廃止をする企業も最近はありますね。

水野　生命保険会社が逆行しているのです。もともと相互会社だったのに、わざわざ株式会社に移行する動きがあります。しかし、株式会社の上場の役目はもう終わりました。資本調達しなくてもいいくらい自己資本が増殖したからです。

――資本主義や株式会社が必要だった時代もあったわけですよね？

水野　はい、70年代くらいまでは企業も資本調達が必要でした。日本でいえば企業が資金余剰になったのは90年代後半です。それまでは常に資金調達セクターでした。

――その時代までは国民がまだ消費に飢えていたのでしょう。モノが不足して、供給力が足りなかった。その供給力が需要を上回る状況になったので、もう資本は必要なくなったということですね。でも今はそうでも、この先もずっとそうだとは限りません。

水野　あとは企業が減価償却（固定資産の価値が劣化・減少すること）分をまかなうだけの資金を確保できればいいのです。日本企業の純投資（粗投資マイナス固定資本減耗）は10兆円程度ですから、ROEは2％もあれば大丈夫です。

――アニマルスピリット（企業家の野心的意欲）はもう要らない、ということですか。

水野　要らないですね。

――私も「ほどほど」がいいとは思うのですが、ほどほどと言った瞬間にイノベーションが生まれなくなりませんか。

水野　イノベーションは基本的に、より遠く、より速く、だから、もう要らないのです。よりゆっくりというイノベーションはありえない。要するに筋肉でやっていたものを機械に置き換えてきたわけですから。

――でもケインズが言うように1日3時間労働で、あとは余暇に使う、というイノベーションだってありうるのではないでしょうか。生産はロボットやAI（人工知能）に代替させ、人間は1日の大半を趣味のために使えるようにすることはあり得るわけですよね？

水野　でも趣味を、より速くしてもらっても困ります。個々人がそれで生活が充実していると思えるようであればいいのですが。

――ケインズも著作で余暇をもて余すのではないかと心配していました。でも週15時間労働なら、週の大半をボーっと過ごす自由も手にできるわけですね。そういう時代になるのだとしても、世の中にアニマルスピリットを維持してイノベーションをしてくれる人もいくらかは残るでしょうし、必要ではないでしょうか。

水野　明治維新後のチョンマゲと一緒です。アニマルスピリットもいずれ「いつまでやっているの？」ということになるのではないですか。

（インタビューは2023年3月にオンライン版「論座」に掲載）

水野は資本主義の役割は終わったと言う。その原動力であるアニマルスピリットも、明治維新後のチョンマゲと一緒で、いずれ不要になるのだという。

だが私たちの日常生活も企業社会のルールも、そして政府の法律も、すべてが資本主義を前提とした世の中だ。100年先は別にしても、今を生きる私たちの時代に資本主義を捨て去ることなど、現実的にはとてもできそうもない。欠陥が目立つようになったとは言え、資本主義は今や世界経済の「唯一のシステム」なのだ。当面はリフォームしてでも、この制度のもとで何とかやっていくしかない。そのために何が必要か。次節でその点を考えてみたい。

小野善康◉デフレとは「お金のバブル」

ここで登場してもらうのは、世界で唯一と言っていい「長期不況理論」の提唱者である経済学者、小野善康だ。小野にはアベノミクス前夜の2012年にもインタビューしたことがある。当時の日本経済は歴史的な円高に苦しみ、「脱デフレ」が世の中の関心テーマとなっていた。その年末に、第2次安倍政権が超金融緩和によって物価を引き上げるリフレ政策を掲げて発足。アベノミクス10年の時代に突入していくことになる。そのアベノミクス前夜の時点で、小野はアベノミクスとは正反対とも言える別の処方箋を示していた。

当時、日本経済は「失われた20年」と言われ、超高齢化や少子化という難題を抱えていた。それらは欧米からは日本特有の病と見られていたが、小野の見立てはまったく異なっていた。停滞の原因は「人々がお金を神のようにあがめていること」であり、それは富裕な先進国が行き着く「成熟社会」に共通する病理だと言うのだ。

小野はこうも言った。「日本経済は今、空前の貨幣バブルの真っただ中にある」と。

1980年代後半に起きた土地や株のバブルと、2000年代以降のデフレ不況は一見するとまったく対極にある出来事のようだが、実は同じ病理による現象なのだという。デフレは物価が下がり、同じ金額で買えるモノが増える現象だ。つまりお金の価値の上昇であって、価値が異常に膨らんだ「お金のバブル」状態だというのだ。

アベノミクスの10年を経て、今もなお、お金のバブル状態は基本的に終わっていない。その間に日本人の相対的な豊かさは後退したように見える。一つのデータとしては、1人当たりGDPの世界ランキングの著しい下降がある。アベノミクス前の2012年に14位だった世界順位は、アベノミクスを経て22年に30位となった。

改めて小野に聞いた。日本人は貧しくなっていないか。成熟社会における望ましい資本主義とはどんなものか――。

●小野善康・小野理論提唱者

おの・よしやす　1951年生まれ。73年、東京工業大工学部卒、79年、東京大大学院経済学研究科博士課程修了、経済学博士。大阪大教授、東京工業大教授、内閣府経済社会総合研究所所長などを経て、現在は大阪大社会経済研究所特任教授、大阪大名誉教授。主流派経済学と異なる立場から、需要に焦点を当てた独自の長期不況理論を提唱。「小野理論」と呼ばれる。主な著書に『資本主義の方程式』（中公新書）、『成熟社会の経済学』（岩波新書）、『消費低迷と日本経済』（朝日新書）などがある。

足りないのは新しい需要を考える力

——アベノミクスの10年とは何だったのでしょうか。

小野　まったく効果がないのに昔の経済理論がまだ通用すると思ってやって、案の定、失敗した壮大な実験でした。ムダに流動性（貨幣）を増やし、あとの収拾がつかない状態まで持っていってしまいました。途中で失敗とわかっているのにやめなかった。それは金融緩和と財政出動のマクロ政策だけではありません。生産性向上とか働き方改革、女性活躍など、成長戦略と言われる分野にも同じことが言えます。どれも需要が増えないのに一所懸命に労働を増やし、供給力を増やす政策です。これでは1人当たりの生産性を下げざるをえません。

結局、安倍政権のマクロ政策には、お金をどうやってばらまくかという視点しかありませんでした。金融でばらまくか、財政でばらまくかの違いだけです。マクロ政策で本当に大事なことは、どうやってお金を渡すかではなく、どうやって人（労働）を生かすかです。成長戦略も本来は需要の成長戦略が求められるのに、供給の成長戦略ばかりやっています。

――需要を作って雇用を生むことが望まれるなら、1990年代に経済対策で盛んに利用された公共事業のようなものでもいいのですか。

小野善康氏　撮影・朝日新聞社

小野　そちらのほうがまだ良かったと思います。でも当時は、それがだんだん意味の小さい公共事業ばかりになったため、事業内容が「穴掘って埋める」タイプに近づいてしまいました。それでは穴掘って埋めたらお金を渡すのも、穴を掘らなくてもお金を渡すのも一緒です。だんだんと「お金」の問題に戻ってきてしまったわけです。

――アベノミクスと異次元緩和の10年で、日本の1人当たりGDPは2012年の世界14位から30位まで落ちました。日本の国力が低下したのではないですか。

小野　まず国力とは何か、という点から話しましょう。その尺度は、発展途上国のときはなんと言っても生産力です。日本が1960年代、70年代に国力が上がったのも、ドイツが戦後復興したのも生産力の飛躍的な向上が大きかった。ただ、真の国力は需要と供給の両方がかかわっています。貧しいときは必ず需要のほうが供給を上回っているから、供給力のことだけ考えれば良かった。しかし供給力がこれだけついてしまった日本では、今は国力の向上には需要のほうが効いてきます。つまり我々自身がどうやって生活を楽しむことができるか、芸術や音楽を楽しむとか、公園をきれいにするとか「新しい需要を考える力」、それこそが国力です。

日本の1人当たりGDPがなぜ30位まで落ちたかと言えば、それは日本人の美徳のようなものによります。1人当たり家計純資産は世界ベスト10に入っているほど金持ちなのに、贅沢にどんどんお金を使わないという国民性のせいです。つまり日本人は大金持ちなのにモノを買わなくなったので、長期不況になっているということです。

でも過度に悲観する必要はないと思いますよ。日本の1人当たりGDPの水準はフランスとほぼ同じくらいです。生活を楽しむ力のあるフランス人と同じくらいだというのは、ある意味で相当いいのだと思います。

――小野さんが需要の力という点で国力があると見ているのは、欧州先進国ですか。

小野　そうです。ヨーロッパアルプスではスイスやオーストリア、イタリアなどどの国にも標高2000～3000メートルの場所に設備の整ったホテルがあり、シャワー付きの個室があります。眼前にはヘラジカの群れが歩き、大氷河が広がっています。しかし日本では百名山の山々でも多くの山小屋では個室が少なく、シャワーも食事もいろいろ制限されています。

日本の国力は今も落ちてはいないと思います。ただ、生産力のほうが力を持ちすぎています。政策当局がそのことをわかっていないから、もっと生産を強くしろとか、カネをばらまけばいいとか、そんな社会実験をアベノミクス以前から延々繰り返して、せっかくの生産力を活用できなかったのです。アベノミクスも結局その延長にあって、同じ失敗を繰り返しました。

日銀券への「信心」が崩れたら恐い

――日本の供給力が相対的に強すぎるということですか。政府の借金財政をもっと拡大してもかまわないというMMT論者たちは、その供給力がある以上は政府がどれだけ借金を膨らませても政府財政が破綻することもハイパーインフレが起きることもない、と主張しています。それは本当ですか。

小野　供給力の問題とハイパーインフレはぜんぜん関係ありません。ハイパーインフレは貨幣現象です。財政や通貨円の信用をぶっ壊すのは簡単です。日本政府はいま1000兆円を超える借金がありますが、1兆の1万倍は1京ですが、もし日銀が1000京円のお金を刷って国民みんなに配れば、そのときは日本の生産力に関係なく、さすがにみんな「円は危ない」と考えて、モノや外貨に替えようとするでしょう。

——2022年秋、欧米各国が金融引き締めをするなかで日銀だけが緩和を続け、急速に円安が進みました。一時1ドル＝150円を超えたほどでした。この円安は、円が危なくなっている兆候ではないのですか。

小野　あれは資源エネルギー価格の高騰のような一時的な理由が急に生じたからです。それによって日本の経常収支が急に悪化しました。国の経常収支の悪化というのは、その国が出している手形（通貨）の収支が悪くなっているということなので、当然、円の価値は下がります。ただ経常収支は、またバランスを戻すように動き出します。このあとはゆっくりとですが円高方向に調整されるでしょう。

――日銀は異次元緩和を通して紙幣を刷りまくって国債を買い支えています。この財政ファイナンスのもとでも円は信用を失わず、本当に円高になるのですか。

小野　今の経済構造のなかで、今の私たち国民の円への信頼が崩れなければ、そうなるはずです。日本人はモノより円のほうに価値があると思っている。一方、アメリカ人にとってモノの価値は日本人と同じです。そのアメリカ人がドルをありがたいと思う程度が低ければ、モノに比べたドルの価値は低くなる。モノという日米共通の価値と比べて円の価値が高く、ドルの価値が低いから、必ず円高になります。

とはいえ、もし日本人の円への信頼が崩れたら、ハイパーインフレだって十分起きうるはずです。どちらに転ぶ可能性もあります。

――今後も未来永劫、円への信頼が崩れないケースもありうるのですか。

小野　日銀がいくら無尽蔵にお金を発行しても、それでもみんながお金をありがたがって、かつケチケチしか使わなければ、インフレにはなりません。しかし、もしみんなが派手に使い始めちゃったら、そのお金で欲しいモノが買えないことが、いっぺんにばれてしまいます。その需要に対応できるほどのＧＤＰの規模（供給力）がないのですから。

――家計は２０００兆円もためこんでいますからね。

小野　それが、ばれるのが恐いですね。つまり日本人が日銀券を霊験あらたかなお札として信じている限り問題はないのです。その日本人の「信心」に甘えきっているのがアベノミクスです。しかも問題なのは、それに甘えきってお金をいくらばらまいても、政治的に人気を得ることはできますが、経済的にはまったく繁栄しないということです。

――2023年3月に起きた米国の銀行2行の破綻や大手銀行クレディ・スイスの経営危機で、先進国の主要中央銀行がドル供給で結束すると発表したのは、ドルが不足する事態に備えたからです。むしろドル高になるべき局面ではないのですか。

小野　人々のドルのあがめ奉り方より、円へのそれの方が強いからでしょう。

――いまの話は永遠に続く保証はないですよね？

小野　人々はどこかで気づくとは思います。いつとはとても予測なんかできませんが。

――外生的ショック、たとえば南海トラフ地震や富士山噴火、台湾有事というようなイベントが起きたときは？

小野　そういう時が本当に恐いですね。

2023年3月、米国で二つの銀行が突然破綻して処理され、国際的な巨大金融機関である欧州のクレディ・スイスも経営が立ち行かなくなって、金融当局による仲介で大手金融機関ＵＢＳに吸収合併されることになった。

やり方こそそれぞれ少しずつ違うものの、日本でかつて山一證券や日本長期信用銀行などに対応したのと同じく、どれも「破綻処理」である。欧米で時を同じくして金融不安が広がり始めたことは、世界経済に不気味な暗い影を落としている。

これは日本にとってもけっして対岸の火事ではない。ところが、なぜか「大丈夫」「問題ない」と日本の関係者たちが口をそろえるのは、単に信用不安が広がるのを恐れて強気を装っているだけではなさそうだ。日本政府や日本企業、そして多くの日本国民も「根拠のない信頼」を失っていないのである。いわばそれが日本の巨大な政府債務問題や日銀の財政ファイナンス問題を崩壊させずに抑えこんでいるのだろう。

「信じる者は救われる」ということか。

ただし永久に信じて、行けるところまで行ったとしても、実体経済には何の刺激効果もない。

その意味では、心の安定は得られても実生活には何の御利益もない宗教と同じようなものかもしれない。その状態が永遠に続くなら意味はあるのだろう。ただし、それがオウム真理教や旧統一教会のように、現実の国民生活を脅かす存在でなければの話である。

「ジャパニフィケーション」は日本だけの問題ではない

――格差や貧困、金融危機の頻発など、近年、資本主義の欠陥が目立っています。資本主義は曲がり角を迎えたのでしょうか。

小野　人々がまだ貧しかった成長経済の時代には、資本主義は非常にうまく機能する制度でした。しかしモノがあふれ、人々が物質的にとても豊かになった今日のような成熟経済では、慢性的に需要が不足し、失業が増え、長期不況に陥ってしまう構造的な欠陥をもっています。資本主義が今後も世界経済の基幹システムであり続けられるかどうかは、政府や国民がどんな資本主義にしたいのか、そのためにどう問題を克服するのかにかかっていると思います。

――低金利・低インフレ・低成長の状態が長く続く「長期停滞」について、欧米の経済専門家たちは数年前まで日本固有の事情と見ていました。だから「ジャパニフィケーション」（日本化）という言葉までできたのですが、それについてどう考えますか。

小野　的外れですね。長期停滞は程度の差こそあれ、近年では米欧などの先進諸国でもおおむね同じような現象が見られます。

——日本人の民族性が引き起こした特殊な状況ではないのですね。

小野　そうです。長期停滞に陥ることは資本主義の宿命と言ってもいいくらいです。人々がある程度豊かになって、モノが満ち足りた成熟社会になると、「もっと買いたい」という欲求が少なくなるからです。そういう社会では、「お金のまま保有しておきたい」という欲望が逆に高まります。これこそが長期停滞の原因です。

人々の「お金への欲望」が不況を作る

——お金への欲望が不況の原因ですか。

小野　無人島で暮らすのにモノはいろいろ必要ですが、お金は何の役にも立ちませんよね。でもなぜお金を持ちたいかと言えば、それは文明社会では、お金で好きなときに好きなモノと交換できるからです。この機能を経済学では「流動性」と呼び、それに対する人々の欲望を「流動性選好」と呼んでいます。もし、この流動性選好だけであらゆる経済活動の動機を説明できるのであれば、人間の欲望の範囲は、日常的に必要なモノの取引量に限られているはずです。

ところが、お金にはもう一つ大きな特徴があります。時間を超えて購買力を「保蔵」できる機能です。経済が拡大してくると、この機能の魅力がどんどん増してきます。何を買おうか具体的な目的がなくとも、お金の保有そのものに魅力を感じるようになるわけです。この欲望のことを、私は「資産選好」と名付けました。いまの日本経済はその資産選好が異常に高まっており、貧しかった時代のモノの経済からお金の経済へと変わってきたのです。

——資産選好をもう少しわかりやすく教えてください。どういうことですか。

小野　人々が持つお金や資産そのものへの執着心のことです。従来の経済学では、株価が上がって人々の手持ちの金融資産が増えれば消費を増やすし、金融緩和で金利が低くなれば金融資産の保有が不利になるから、それでも消費を増やすというのが常識でした。ところが、もし人々がお金を持つことそのものに幸せを感じているなら、いくら手持ち資産が増えても消費を増やそうとはしないでしょう？　これこそが現在の日本が直面している事態です。

——経済学界で主流の「供給の経済学」では資産選好のような発想が生まれないので

すか。

小野　供給の経済学の大前提は「供給が需要を生む」ことで、「セイの法則」と呼ばれています。そこでは需要不足が想定されておらず、公共投資や公共サービスは民間の経済活動を阻害するものだと考えます。政府はできるだけムダを排除したほうがいいという「小さな政府論」になりやすい。

それを強く批判したのがケインズでした。彼は、需要は生産能力とは関係なく決まり、それが実際の経済を動かすのだという「需要の経済学」を打ち立てようとしました。しかしケインズ自身は明確な理論を示さなかったのです。後世になってJ・R・ヒックス（1904～89）やP・A・サミュエルソン（1915～2009）ら有力経済学者によってケインズの考えが定式化され、旧ケインズ経済学（新古典派総合）となっていきます。

モノが先でカネがそれと並行して動くというのが供給の経済学の考え方です。それに対し旧ケインズ経済学は、カネが増えればモノの消費が増える、という考え方です。この理論だと、赤字財政でカネをばらまけばモノの需要が創出できるという発想になってしまいます。もしそうなら、政府はカネをばらまくだけで簡単に需要が作れるということになる。この理論の影響で、景気が後退すればバラマキ的な財政金融政策をおこなうという風潮がいまだに各国政府に根強いのです。

――どちらも間違っているということですか。

小野　この二つの経済学の考え方は違いますが、お金にとらわれているという点で共通しています。日本では1990年代以降、この二つの経済学をめぐって政策論争が続いてきました。相いれない両者の主張をごちゃまぜに採り入れてきたのが近年の日本政府です。歴史上まれに見る累積赤字をため込みながら大規模なカネのばらまきを続け、一方で成長戦略と称して生産効率化、労働市場の自由化、流動化を進め、生産能力を拡大してきました。その結果、デフレが続き、消費は増えませんでした。

政策論争で本当に必要なのは、カネをばらまくかどうかではありません。モノやサービスへの政府需要を増やすか減らすかです。

二宮金次郎の道徳律は害になる

――日本には世界最大の対外純資産があり、家計の金融資産は2000兆円を超える金持ち国です。もっと景気が良くなってもおかしくないと思うのですが、なぜそうならないのでしょうか。

小野　逆です。それでは景気は良くなりません。家計金融資産がそんなにたくさん積み上がっているということは、貯蓄をしたまま使わない人が非常に多いということですから。マクロ経済学ではこれまで、「貯蓄」は将来の具体的な消費のためにあると考えられてきました。たとえば車や家がほしい、教育費にあてたい、海外旅行に行きたい、といった欲求をかなえるための準備としての貯蓄です。それなら貯蓄は景気を良くするためのエネルギーになり得ます。

でも満腹の人に、さらにごちそうを出しても食べられないように、消費というのは必要以上に増やそうとすると、かえって苦痛になるものです。しかし、お金だったらいくら持っていてもうれしいでしょうし、苦痛も感じない。だから生活に必要な金額以上のお金を持っていてもまだ満足せず、もっと持ちたいという欲望に支配されてしまうのです。この欲望が強くなりすぎると、モノが十分売れなくなります。すると企業は人手がいらなくなって、失業問題が起きる。次第に賃金も物価も下がる。日本の長期デフレ不況はこうやって起きました。

――日本では昔から「貯蓄は美徳」と教えられてきましたが……。

小野　日本で道徳律として受け入れられている二宮金次郎の「勤勉」「質素倹約」は、

成長経済の時代には意味がありました。しかし今のような成熟経済のもとでは意味がないどころか、むしろ害になってしまいます。もともと総需要が不足しているのに、すべての人が勤勉に働き、生産能力を高め、同時に質素倹約にも励んでしまったら、供給力の大きさの割に総需要が少ないデフレ状態がいっそう悪化してしまうからです。

――人々が消費に飽きてしまっているなら、無理に増やさなくともいいではないですか。

小野　そうとも言えません。放っておけば経済の総需要不足が続いて、失業や（短期雇用、派遣労働のような）非効率な雇用を生むからです。そういう社会ではいったん貧困になると、負債と所得不足によってますます貧困から抜け出せなくってしまいます。それでは富裕層との格差が広がるばかりになってしまうでしょう。

格差拡大は資本主義のもつ病理

――格差拡大も需要不足が原因なのですか。

小野　経済格差も、資本主義が抱える構造的な欠陥がもたらす病状の一つです。資本主義経済においては人々が資産選好をもっているかぎり、金持ちと貧乏人の資産格差は縮まるどころか、むしろどんどん拡大してしまいます。資産選好があれば、同じ人でもカネを多く持っていればより倹約志向に、持っていなければ浪費傾向になるからです。つまり貧困の固定化は、他人より怠惰で浪費家かという自己責任の結果でなく、すべての人々が共通に持っている資産選好がもたらしているということです。

——米ハーバード大教授で哲学者のマイケル・サンデル(1953〜)も、高学歴や社会的成功は実力でなく「運のうち」だと言い、能力主義や自己責任論では格差や分断は解決できないと指摘しています。

小野　親がたまたま金持ちだったかそうでなかったかは、単なる運不運です。運悪く初期資産が乏しかったとか、よい職に就けなかったというだけで、ずっと恵まれないままになってしまうとしたら、政策でそれを是正していく積極的な理由があるはずです。解決するには政府による再分配しかありません。これは単なる社会福祉政策を超え、すべての人を豊かにするのに必要なことです。再分配をしなければ、所得や保有資産の不平等はどんどん広がってしまいます。そうなると社会はますます不安定になり、需要も低迷する。日本の現状はすでに、そうなりかかっています。

——それなら再分配に重きを置く社会主義のほうが望ましいのではないですか。

小野　社会主義は、歴史をみれば一人か少数の権力者が絶対的に君臨して、恣意的に政策に介入しがちです。権力に近いかどうかで、むしろ極端な不平等が生まれています。資本主義では、働けばそれなりに報いがあり市場が評価してくれる。こちらのほうが公正だと納得する人が多いのではないでしょうか。それに完全平等が強制される社会では新製品への創意工夫も抑えられ、経済成長のネタまで失われてしまいます。

一方で経済格差が大きすぎると、モノへの需要が不足して経済成長できなくなります。金持ちは資産選好が強くて消費せず、貧しい人はモノが買えない状態が続くからです。そうならないように、国民自身が、社会の中でどのくらいの分配レベルが望ましいか探っていく必要があるでしょう。

――コロナ禍のもとでの「国民一律10万円給付」は望ましい再分配でしょうか。

小野　あれは無意味でした。政府は総額12兆円もの予算を投じましたが、経済的打撃を受けた人々が生活を立て直すにはとうてい足りない額でしたし、一方で打撃を受けなかった人は給付金を貯蓄に回しただけでした。つまり一律のバラマキ策では消費の浮揚効果は小さいのです。やるなら貧困層や所得が減って困っている人に対象を絞るべきでした。飲食店などの従業員や雇い止めを受けた人々の所得保障をするといった方法で再分配すれば良かったと思います。

どれだけ魅力的な需要を作れるか

――エコノミストや経営者たちは、停滞から脱するには「生産性向上こそが重要」と主張しています。生産性が日本経済の活性化のカギを握るのでしょうか。

小野　成長経済の時代ならそれにも意味がありました。効率的にたくさんモノを作れば必ず売れたからです。でも、今のようにモノ余りの時代になると、単に生産性を向上させるだけでは逆効果です。もし人手をかけずにたくさんモノを作れるようにしたら、モノは売れずに、雇用だけ減ってしまいます。

――それなのに、なぜ専門家たちは逆効果の政策を求めるのでしょうか。

小野　主流派である供給の経済学がそう教えているからです。作ったモノは必ず売れると考えれば、生産性向上が重要です。主流派には需要不足について考える専門家もいますが、物価や賃金の調整の遅れが原因という一時的な理由しか頭にありません。だからそれに対する政策を考えると、労働の自由化とか規制緩和とかになるのです。

一方、「需要の経済学」というと、需要不足には政府がお金を配ればいいという「乗数効果」や、金融緩和による為替誘導が有効だという学説「マンデル＝フレミング・モデル」

がしばしば専門家からも持ち出されます。これらの「旧ケインジアン・モデル」は理論上の欠陥を抱えており、すでに大学院や研究者の間では扱われていません。ところが大学の学部教育ではいまだに広く教えられています。その影響で政策論争がゆがめられています。

――たしかにアベノミクスの理論的支柱であるリフレ論者たちがよくマンデル＝フレミング・モデルを持ち出しますね。

小野　成熟経済のもとでは、財政出動や金融緩和でいくらお金を配っても、人々は資産としてためこむだけなのでモノの購入は増えません。そのことを日銀が異次元緩和を10年続けて実証したようなものです。

――いま本当に必要なのはどんな政策でしょうか。

小野　重要なのは新たな需要を作ることです。もちろんそれは簡単ではありませんよ。高度成長期に「三種の神器」と言われたテレビ、冷蔵庫、洗濯機、その後もマイカーなど、過去に消費ブームはあったけれど、今では誰もが「どうしても欲しい」と思えるものが見当たらないからです。こんな状態では民間市場だけに任せても、人や土地、設備などの生産資源は使い切れないでしょう。それではあまりにもったいないので、政府が民業とは別の分野でこれらを活用し、国民全体が求めるサービス需要を創造すべきです。

――公共事業による財政出動をまたやれ、と言うのですか。

小野　道路や鉄道などの公共事業で需要をつくることが効果的だった時代もありました。でも人口減少時代の今は、巨大インフラが本当に必要かという問題があります。だからそれと別の使い道を考えないといけません。たとえば、音楽や美術、スポーツ、観光インフラなど民間企業では採算に乗りにくい分野で、政府が思い切ってお金を使う。そうすれば国民が自主的に消費を拡大したのと同じ景気刺激効果が生まれるはずです。

まだまだ供給が足りない保育、医療、介護などの分野、きれいな空気を提供したり温室効果ガスの排出を削減したりといった企業努力だけでは実現が難しい分野も対象です。新型コロナウイルス感染では、医療の従事者や設備、保健所職員などの不足が深刻でした。日本全体でみたときに生産資源が余っているなら、平時から不足している分野にお金を使って生産資源が回るように準備すればいい。

どこにお金を使うのかを選択するのは国民です。どれほど魅力的な需要をつくれるのか、国民の知恵が問われていますし、それがGDPには表れない形で本当の意味の国力増強につながるはずです。

（インタビューは2022年4月に朝日新聞に掲載。23年3月に追加インタビューし加筆修正した）

おわりに

夜空に上がった打ち上げ花火のように一瞬の光を放ったようにも見えたアベノミクス。生みの親の安倍晋三は襲撃（2022年7月8日）によって命を奪われ、いまはいない。そして、異次元緩和というバズーカを放って市場の称賛を浴びた黒田東彦も、すでに日銀総裁の座を去った（23年4月）。それぞれの開始当初の熱狂を思えば、いまは「兵《つわもの》どもが夢の跡」の静けさだ。

とはいえ、宴を終えれば、すべてが無事完了と相成ったわけではない。飲み残し食べ散らかされた宴席の後片付けも、ツケ回されてきた請求書の支払いも、すべてこれからの話だ。どれも国民が責任をもたされる重荷ばかりである。

本書に登場してもらった13人の賢人たちの話からは、その「負の遺産」がどれほど重く巨大なのか、アベノミクスでもたらされた受益に対していかに割の合わないものかを感じとっていただけたのではなかろうか。

20世紀に世界最速で経済大国に駆け上がった日本は、21世紀になってゆっくりと階段を下りる時代を迎えていた。人口動態からも成熟経済の実態からも、それはほぼ運命づけられた未来である。ならば、そのための国家としての新しい行き方を考え、準備し、態勢を整えるのが賢明な政治、まっとうな政策というものだろう。

ところがその大事な時期に、さらに経済大国の高みに無理やり駆け上がろうと逆噴射してしまったのがアベノミクスということになる。その時代錯誤の罪は大きい。

かろうじて均衡を保っているように見える日本の財政や金融政策には巨大な崩壊のマグマがたまっている。何かの拍子にそれが噴き出せば、日本経済はひとたまりもない。

何かの拍子というのも、けっして小さな確率とは言えない。まず南海トラフ地震や首都直下地震、富士山噴火といった近未来に起きる可能性がかなり高いとされる自然災害リスクがある。台湾有事など東アジアの地政学リスクが勃発する確率も近年著しく上昇している。こうしたイベントリスクが現実になったとき、プリンティングマネーに頼った日本のマクロ政策は巨大なツケを一気に払わされることになりはしないか。

本書で指摘してきたように、安倍政治が破壊したものは財政や金融政策にとどまらない。政治から節度と責任感を追いやり、官僚組織や中央銀行の矜持を踏みにじり、日本の国家システムの根幹をかなり壊してしまった感がある。そう考えると、アベノミクスを単に経済政策としてだけとらえていては、真に私たちが抱えた問題を見誤ることになりかねない。

安倍本人は、アベノミクスとは「『やった感』でなく『やってる感』だ」と言っていたそうだ。まさに空気や風潮をどう作るか、どう世論を作るのかに関心と本質があった。

要は、アベノミクスとは国家を率いる政権の「たたずまい」の変質を総称したものだったのではないか。政府の借金の大膨張も辞さない未来に対する無責任さ、批判的なメディアを排除し、記者会見で説明責任を果たそうともしない民主主義への不誠実さ、第2次安倍政権が全体として醸し出していた強権的な空気……。すべてを包含した言葉としてアベノミクスをとらえるべきだろう。

そう考えれば、安倍をバックアップした保守勢力やリフレ派が、なぜあれほど批判的なメディアに対し弾圧的な態度をとったのかも理解しやすい。

アベノミクスの後始末はそういう意味では想像以上にやっかいな取り組みだ。表面的な政策修正だけでは、とてもおぼつかない。政官界やメディア、経済界、国民を覆っている、えも言われぬこの〝空気〟を大浄化しなければならないからだ。そうでないと、本当の意味でアベノミクスから脱却することはできないのではないか。

さまざまな視点、角度からアベノミクスを評価・分析していただいた13人に改めて感謝したい。この国の未来のためにアベノミクスの「負」について総括する作業はどうしても必要だった。その問題意識はおそらく全員に共通していたのではないかと思う。

読者にはぜひその決意表明の書としてもお読みいただきたい。そして問題意識を共有していただけるなら、何より幸いだ。

2023年初夏

原　真人

原　真人　はら・まこと
1961年長野県生まれ。早稲田大卒。日本経済新聞社を経て88年に朝日新聞社に入社。経済記者として財務省や経産省、日本銀行などの政策取材のほか、金融、エネルギーなどの民間取材も多数経験。経済社説を担当する論説委員を経て、現在は編集委員。著書に『経済ニュースの裏読み深読み』(朝日新聞出版)、『日本「一発屋」論——バブル・成長信仰・アベノミクス』(朝日新書)、『日本銀行「失敗の本質」』(小学館新書)がある。

朝日新書
914

アベノミクスは何《なに》を殺《ころ》したか

日本の知性13人との闘論

2023年7月30日第1刷発行
2023年11月10日第3刷発行

著　者　原　真人

発行者　宇都宮健太朗
カバーデザイン　アンスガー・フォルマー　田嶋佳子
印刷所　TOPPAN株式会社
発行所　朝日新聞出版
〒104-8011　東京都中央区築地5-3-2
電話　03-5541-8832（編集）
03-5540-7793（販売）

Published in Japan by Asahi Shimbun Publications Inc.
ISBN 978-4-02-295221-9
定価はカバーに表示してあります。
落丁・乱丁の場合は弊社業務部(電話03-5540-7800)へご連絡ください。
送料弊社負担にてお取り替えいたします。